360
360 ZHOUH
周鸿祎
爱拼才会赢

台海出版社

图书在版编目（CIP）数据

360 周鸿祎：爱拼才会赢 / 刘志则著 . –– 北京：
台海出版社 , 2019.1（2019.9 重印）

ISBN 978−7−5168−2202−9

Ⅰ . ① 3… Ⅱ . ① 刘… Ⅲ . ① 周鸿祎—传记 Ⅳ .

① K825.38

中国版本图书馆 CIP 数据核字 (2019) 第 001455 号

360 周鸿祎：爱拼才会赢

著　　者：刘志则
责任编辑：姚红梅　　　　　　装帧设计：方与圆
版式设计：石凯辉　　　　　　责任印制：周莹莹
出版发行：台海出版社
地　　址：北京市东城区景山东街 20 号，邮政编码：100009
电　　话：010 − 84827588（发行，邮购）
传　　真：010 − 84045799（总编室）
网　　址：www.taimeng.org.cn/thcbs/default.htm
E−m a i l：thcbs@126.com
经　　销：全国各地新华书店
印　　刷：环球东方（北京）印务有限公司
本书如有破损、缺页、装订错误，请与本社联系调换
开　　本：710mm×1000mm　1/16
字　　数：264 千字　　　　　印　　张：18
版　　次：2019 年 2 月第 1 版　印　　次：2019 年 9 月第 2 次印刷
书　　号：ISBN 978−7−5168−2202−9
定　　价：58.00 元

前 言
Preface

在互联网世界中，周鸿祎绝对是个大人物。他个子不高，能量却很强，长着一张记者们眼中"新闻制造机"的嘴，而且在下属的眼中，他的这张嘴那绝对可以"杀人于无形"。

他是学校中的风云人物，是老师们眼中"不正常却最有可能成事"的学生，是网民眼中的意见领袖，更是"流氓软件之父"。现在的他，是互联网安全的守护者，是寄托创业者希望的天使投资人，更是身价千亿的互联网财富大佬。

在很多人看来，他是互联网江湖中的邪派，出手怪异，再强大的对手，在他面前可能一个回合就觉得吃力；他是伟大的颠覆者，不管是曾经的3721，还是现在的360，颠覆行业格局，他最拿手！

他更是一个斗士，在那个茹毛饮血的残酷的互联网丛林中，他深知弱肉强食的丛林法则，始终保持着高昂的斗志，随时会向认为威胁到他的大佬发起挑战。

对他来说，这就好比顺手摘下身边桃树上的桃子那么简单和信手拈来，他才不管桃子是不是他的，在他眼中，桃子就这么多，他有能力，就来摘了，颇有点孙猴子大闹天宫的意思，搅得互联网鸡犬不宁，却热闹非凡，让无数的吃瓜群众大呼过瘾。

马云，马化腾，李彦宏……这一个个闪着耀眼光芒的名字，这些左右着中国互联网发展的大佬，都曾是他的对手，都领教过他的厉害。

作为一个伟大的颠覆者，他让对手头疼，却让网民欢呼。他以创新理念颠覆传统，以颠覆行走江湖。人在江湖漂，哪能不挨刀，何况是一个别人眼中"四处树敌"的搅局者。本着"敌人的敌人就是朋友"的原则，他甚至让那些同行都成了合作者，颇有点黑色幽默的意味。

在360做得风生水起的时候，他又开始"不务正业"地做手机，一次不成，就再试一次，做得风风火火；他上电视、录节目，布局娱乐，自带天然的网红属性；他做儿童手表、扫地机器人，智能硬件也是毫不含糊。外人看来，他跑偏了，他自己则认为，他的面前多了很多康庄大道，条条大道通罗马，他要多方并举，朝几个方向共同发力。面对着未来诸多的方向，而且每一个方向都有可能让他干成一件大事，不走一走，岂是他的风格？于是，他开始了新的"折腾"。

互联网是一个大江湖，江湖险恶，人人皆知。在这个江湖中，周鸿祎是一个仗剑行者，而他的剑就是颠覆，虽然没有吹发可断的利刃，却好似杨过手中的玄铁重剑，"重剑无锋，大巧不工"，以颠覆理念注入，必定达到"手中有剑，心中有剑，心剑合一"的境界，于是仗剑纵横天下。他一路江湖行走，一路逢敌亮剑，才有了今天的江湖地位。

在未来，他以颠覆理念继续修行，继续颠覆自我，必然能够达到"手中无剑，心中有剑，抬手有剑气，毙敌于无形"的化境，那个时候，在他眼中，竹木沙石，皆可为剑，是以无招胜有招。他必然会更加颠覆，书写一个伟大的颠覆者的新传奇。

目 录
Contents

第一章　搭上网络快车道的冒险者

第一节　学生时代，创业者前传 // 003

第二节　推出 3721，短暂辉煌后背负骂名 // 006

第三节　对杠雅虎助手，惹恼了马云 // 010

第四节　争网络域名标准，和微软对上了 // 014

第五节　生存之战，挑战 CNNIC // 018

第六节　陌路悲歌，3721 的命运 // 021

第七节　生存之本，眼里要有用户 // 025

第二章　创造安全卫士的网络守护者

第一节　免费理念，杀毒软件未来之路 // 031

第二节　颠覆理念，重构免费下的商业模式 // 035

第三节　创新引领，360 安全卫士创新登场 // 039

第四节　对战瑞星，打出第一拳 // 042

第五节　蜜月结束，与卡巴斯基分道扬镳 // 045

第六节　杠上金山，得罪了整个行业 // 048

第三章　旷世 3Q 大战的发起者

第一节　事件起因，一条短信引发的大战 // 053

第二节　被迫应对，周鸿祎的战术 // 057

第三节　风声鹤唳，一个艰难的决定 // 060

第四节　虽败犹荣，用户至上的执念 // 063

第五节　各执一词，公婆各有理 // 067

第六节　硝烟散尽，思索后的收获 // 071

第四章　进军搜索市场的搅局者

第一节　想法多多，不放弃的搜索情结 // 077

第二节　落实行动，360 搅局搜索市场 // 080

第三节　深情回望，十年恩怨待诉说 // 084

第四节　常胜将军，唯一一败拜他所赐 // 087

第五节　战况激烈，你来我往攻防互换 // 091

第六节　战至正酣，场外"观众"也不淡定 // 094

第七节　战果思索，双赢 or 两败俱伤 // 098

第八节　鸣金收兵，大战在未来不远处 // 102

第五章　跨入手机市场的小学生

第一节　瞄准手机，到底为哪般 // 107

第二节　特供手机，市场残酷打脸 // 110

第三节　盼"好机友"，却成试水路上的炮灰 // 113

第四节　抬头望天，未来之路在何方 // 116

第六章　小3大战的书写者

第一节　性格迥异，成长相似的骄傲人 // 121

第二节　祸起何方，到底是谁惹的祸 // 124

第三节　战局激烈，你来我往的口水战 // 127

第四节　马雷联盟，一对二的叫板 // 130

第五节　结果如何，任由众人评说 // 133

第六节　告一段落，一场没有结束的战斗 // 136

第七章　再入手机江湖的执念者

第一节　对话王建宙，运营商的命运走向 // 141

第二节　N4出世，期待责任何其多 // 145

第三节　初露锋芒，N4战绩初告捷 // 148

第四节　打翻身仗，宣传推广功不可没 // 151

第五节　互联思维，以手机为中心打造IOT // 154

第八章　稳健、智慧的天使投资人

第一节　创新发展，天使投资在中国 // 159

第二节　独具慧眼，如何挑选投资项目 // 161

第三节　果断出手，被周鸿祎看上的企业 // 164

第四节　投资江湖，周鸿祎的投资心得 // 167

第九章　创业路上的苦行僧

第一节　团队为王，组建一个怎样的创业团队 // 173

第二节　融资为上，融资速度比价格更重要 // 176

第三节　长者告诫，大学生创业谨防"伤仲永" // 179

第四节　创业多艰，程序员能否华丽转身 // 182

第十章　特立独行的企业管理者

第一节　工作理念，360 不需要打工者 // 187

第二节　管理之术，周鸿祎给员工带上了"金手铐" // 190

第三节　自我历练，如何成为优秀的产品经理 // 193

第四节　自知之明，好领导是什么样的 // 196

第五节　理性认知，大企业和小企业 // 200

第六节　找对方向，集中精力做一件事 // 203

第七节　企业架构，扁平化与小而美 // 206

第十一章　人工智能的倡导者

第一节　大势所趋，让人喜忧参半的人工智能 // 211

第二节　实干精神，360 将从两个方向部署人工智能 // 214

第三节　解惑答疑，为什么不看好智能手表 // 217

第四节　另辟蹊径，用人工智能做儿童产品 // 221

第十二章　互联网方法论的践行者

第一节　未来迷雾，中国互联网的走向和兴衰 // 227

第二节　创新引领，360 要做微创新 // 230

第三节　安全先行，IOT 时代的网络安全 // 233

第四节　转变思维，传统企业如何面对互联网挑战 // 236

第五节　技术奠基，核心技术大有可为 // 239

第六节　战略落实，战略必须要从云端落地到产品 // 242

第七节　信息价值，大数据时代的用户信息安全三原则 // 245

第八节　抓牢用户，互联网需要"现场力" // 248

第十三章　360 未来的决策者

第一节　未来探秘，周鸿祎怎样看 360 的未来 // 253

第二节　热点聚焦，360 要进军娱乐圈吗 // 256

第三节　特立独行，公关之路要怎样走下去 // 259

第四节　全新探索，360 私有化进程 // 262

第十四章　让人又爱又恨的周鸿祎

第一节　颠覆理念，行业的颠覆者 // 267

第二节　网红达人，一觉醒来改变的世界 // 270

第三节　自我改变，这两年我不公开骂人了 // 273

第一章

搭上网络快车道的冒险者

2018 年 2 月的最后一天，周鸿祎穿着他那最具代表性的红色衣服，满面红光地敲响了上海证券交易所上市大厅的大钟，一声巨响，拉开了中国互联网企业回归 A 股的新序幕，也敲响了对于中国资本市场新时代的期待。

从美股的 93 亿美元的私有化，到回归 A 股的 4000 亿元人民币，360 市值让周鸿祎非常满意，在他看来，这是对 360 的价值的一种认可，资本市场更是将他推向了千亿身家的财富新高度。

而想要了解他，我们需要回到一开始，回到他的学生时代，那个时候，他就有了创业的种子，并最终长成了参天大树。

第一节 学生时代，创业者前传

"当时的小周就很与众不同，很有创新意识，而且敢做。他一遇到感兴趣的事情就会拼命干，每天晚上熬夜去拼，有这个学生我很骄傲。"这是周鸿祎的研究生导师李怀祖教授对在西安交通大学求学时的他做过的一个评价。

李怀祖教授甚至还当着当时的三十几个博士、十几个硕士说："我看你们这群人中间，也就小周能成事，因为我看你们都是正常人，这里就小周不太正常。今天我们培养了很多正常的学生，但是要创新我们要容忍很多不太正常的人。"

别人眼中的教改班尖子生

周鸿祎，1970年10月4日生于湖北省黄冈市蕲春县，父母是事业单位的普通职员，成长在一个普通的家庭，上的学校也是普通的学校。后凭借着自己的努力，进入了西安交通大学。

当时的周鸿祎，进入西安交通大学的时候就不是普通的学生，他是教改班的，是作为当时的尖子生培养的，这个班的学生都是各种竞赛获奖的精英，他们和一般班里的学生也不同，他们不但需要学习计算机系的课程，而且无线电系、自控系、管理系的课程他们也都要上。

20世纪90年代，侯义斌在西安交通大学的时候，搞凯特公司什么的搞得如火如荼，其中的一个方向，就是杀毒软件。当时的周鸿祎，正是在他的影响下开始关注杀毒软件的。在当时的周鸿祎看来，可能做杀毒软件一方面是自己本身就对杀毒非常感兴趣，兴趣是最好的老师嘛，有了兴趣自然就会更加深入地钻研。另一方面，在他的同学看来，当时的他也可能是觉得，在学习方面还是拼不过当时班里的一些女同学，于是就希望做杀毒软件，以后搞公司什么的，成功了，也是一种证明自己能力的方式。

青涩的校园感情

在大学，每一级里总会有那么几个长得漂亮的女同学，大家都盯着。当时的周鸿祎就盯上了其中的一个，那就是同学们口中的小董，在同学们的眼中，当时的周鸿祎应该勉强算是初恋，有些同学还认为应该算是单恋。但是，不管怎样，周鸿祎当时还是苦苦追求，费了很大心思的。除了编程，估计他在别的事情上是不可能这么上心的。

可是小董同学却准备出国！在那个时代，出国是一个潮流，于是，小董同学也打算走这条路子，开始学英语、考托福、办留学，为心中那个美丽的梦做着准备。其实，在同学们的眼中，当时的小董也动心了，但是她希望周鸿祎和她一起去国外，然而，老周岂是池中物，想法自然和当时的潮流不同。在他的眼中，英文认识他，和他很熟，但是他和英文不熟。相比于英文，汇编代码则是他的好伙伴，于是，就有了纠结，纠结过后，自然是没有美好的童话结局，小董出国了，而周鸿祎心碎了。

在青春年华谈情说爱，换作是一般的学生，自然也是顺应当时的潮流，两个人一起学英语，一起考托福，一起努力出国，说不定就成就了一段美好姻缘。但如果真是这样，可能就没有现在的这位互联网大佬了，由此看来，在学生时代，周鸿祎脑子里就有和别人不一样的东西。

学生时代的创业路

在研究生时期，有一个挑战杯选拔赛，在西安交通大学内部叫腾飞杯，在这个比赛中获得一等奖的，就有资格参加挑战杯。这对于当时的周鸿祎来说，可是个好机会，于是，他就没日没夜地忙，搞出了一个杀毒软件，然后就拿去参赛了，谁知一下子就得了一等奖。于是，他继续参加了挑战杯，继续拿奖，得奖金。这个时候，对于自己，周鸿祎有了新的期望，他看到了自己在这方面的天赋。

而此时的小董，人早已在新加坡了！周鸿祎对于学校也没有什么留恋的了，于是他便开始了创业开公司。在中关村，他骑着自行车，住着地下室，拿着自己的杀毒软件到处去卖。但很快公司就不行了，于是他又跑到山东，借钱开了广告公司，结果被骗，欠下了一屁股的债，惹了很多麻烦。折腾了一大圈，眼看还有半年的时间研究生就要毕业了，他索性暂时不折腾了，乖乖写起了毕业论文，最后顺利毕业，这让同学们感到有点意外。

其实，在西安交通大学时，周鸿祎就是一个不按常理出牌的学生，是一个同学们眼中另类的传奇，他的折腾、他的颠覆，在这个时期就展现出来了。因此，后来创业的折腾和颠覆，他的大学同学也早就见怪不怪了，也许，这些也是他未来取得成功的一个铺垫吧。

第二节　推出 3721，短暂辉煌后背负骂名

在这个世界上，需求是推动发展的动力，需求产生创新，推动
了人类最智慧大脑的高速运转，而创新又满足了需求。这一点，现
在不会改变，将来更不会改变。

网民需求拓展的良好机遇

时间回溯到 1998 年，当时中国网络刚刚起步，所能提供的中文上网服
务还不是很多，相对于巨大的上网服务的需求，两者有着不小的差距。那时
候，越来越多的网民为难以获得中文上网服务方面的需求而感到痛苦，在他
们看来，中国网民的数量有了飞速的发展，中文上网服务应该也相应地发展
才对，但是，中文上网服务却少得可怜。

这让当时的网民看来，网络好像不属于他们，他们只是网络世界中的流

浪者，是一个匆匆过客，而他们想要留下自己的痕迹，毕竟，"雁过留声，人过留名"。网民不愿意做一个网络世界的影子，他们希望能够成为网络世界的主导，要在网络世界中成为傲立潮头的弄潮儿。

就这样，随着网民需求的不断增多，中文上网服务也有了巨大的成长空间，此时，有一个年轻人却不仅仅只是讨论，他还想要做一件大事，于是，他就悄悄地在现实世界中积蓄力量，开始了他干大事的谋划。

3721 的横空出世

这个悄悄干大事的年轻人，就是周鸿祎。3721 也就是在这样的需求中产生的，不管三七二十一，是周鸿祎那充满智慧的大脑思考后创立的。

周鸿祎敏锐地发现了中文上网服务方面的未来发展商机，于是就创立了3721。3721 公司提供中文上网服务——3721 "网络实名"，是第三代中文上网方式，用户无须记忆复杂的域名，直接在浏览器地址栏中输入中文名字，就能直达企业网站或者找到企业、产品信息。在当时，这样的上网服务对企业来说无疑是巨大的福音，对用户来说，也是巨大的便利。也正因如此，短时间内 3721 就获得了大量用户的支持。

在当时，网民上网有着自身的需求，而 3721 则具有极强的针对性，它提供的一些专属服务解决了网民上网的一些基本问题，因此得以发展，这也是周鸿祎抓住网民需求的创新之作。

戛然而止的蜜月期

然而，浪漫的开始却没有一个浪漫的过程，就像一见钟情的男女，有了美好的开始，之后却陷入无休止的摩擦中，渐行渐远……

一开始，3721 是推荐安装的，这也是当时的普遍做法——给用户推荐，用户根据自己的需求决定是否安装。但是，随着百度等带来的巨大发展压力，周鸿祎已经不满足于推荐安装带来的用户数的增长，于是，他开始另辟蹊径，发动他那充满智慧的大脑，创造性地设计出了浏览器地址插件。这样一来，曾经的忠实拥趸也开始颇有微词，越来越多的人不喜欢这种方式，此时，在网民的眼中，3721 已经变得不再像以前那么可爱。

慢慢地，周鸿祎和他的 3721 成了网民们攻击的目标，也开始有越来越多的网民认为周鸿祎是始作俑者。其实，周鸿祎也是有苦难言，自己撞到了网民的枪口上，成了网民发泄不满情绪的替罪羊。

含冤背负骂名

周鸿祎的脑袋中仿佛有着无穷的智慧，这也正是他创业的源泉。他因为满足了用户的需求，获得了用户的认可，而成为用户心目中的偶像；同时，他也因为竞争对手"狼来了"的生存紧迫感，改变了 3721 的推广策略。而这一切，为的是——生存！

这种为生存而做出的努力，却因为当时整个互联网环境出现的新的负面变化而将他推到了风口浪尖。为了企业的生存，为了竞争，周鸿祎没有别的选择，只有华山一条路，哪怕前方是刀山火海，他也必须咬着牙继续前进。"开弓没有回头箭"，即便他明白前方可能要面对的是何种局面，也无可奈何。

在风云诡谲的互联网世界中，网民以排山倒海的气势发起了对周鸿祎的征讨，但是，他没有做任何的解释，因为他明白解释是多余的。他深知自己的困境，而网民却不能够理解他的处境，也难以理解他做出的选择，因此，他选择用沉默来应对指责，专心做好自己的事情。因为他深知，只有生存下来，才可能有未来，若生存都没有保障，谈何未来？

周鸿祎坐看风起云涌，含冤背负骂名，他没有去辩解，因为他深知辩解只会招致更多的非议。这是一种人生的大智慧，他理解得很透彻，把握得也精到，做出了当时最为合理的选择。当时的他，并没有闲着，而是谋求发展，希望在未来有机会可以证明自己，重新赢得认可。

第三节　对杠雅虎助手，惹恼了马云

"天下熙熙，皆为利来；天下攘攘，皆为利往。"这句话的意思是说：天下人为了利益蜂拥而至，为了利益各奔东西。也指普天之下芸芸众生为了各自的利益而奔波，深刻地揭示了利益的巨大能量。而在互联网的世界中，利益更是分合的助推器，为了利益，企业可以来个蜜月期，为了利益，企业也可以分道扬镳，甚至对簿公堂……

顶着骂名寻找接盘侠

2003 年，周鸿祎在网上可谓是人人喊打，犹如网络世界中的过街老鼠，有点儿自顾不暇。这个时候，曾经风光的 3721 也不再风光，成为网民口中的"流氓软件"，而周鸿祎也自然成了"流氓软件之父"。面对着企业生死存亡的危机，他这个"流氓鼻祖"再也不能不管三七二十一了，他要为自己找后路！

当时，周鸿祎找到了风生水起的雅虎公司，两者一拍即合，雅虎决定接盘3721。在雅虎收购了3721后，周鸿祎也成了雅虎中国的负责人，之后，马云决定收购雅虎中国，而周鸿祎也从雅虎离职创业。

3721让周鸿祎成为网民讨伐的目标，在难以为继的情况下，以1.2亿美元的价格出售给了雅虎，解了燃眉之急，而这笔资金也成为他日后东山再起，向网民证明自己、洗心革面的本钱。

在周鸿祎看来，他"流氓软件之父"的骂名和3721是捆绑了，既然3721难以为继，那就抛掉它，顺带着也抛掉这个让他寝食难安的骂名，还能获得大笔收益，在未来的互联网世界中还可以愉快地玩耍，何乐而不为呢？

创办360，第一刀砍向"流氓软件"

从雅虎离职，对周鸿祎来说，也许并不是一个坏消息，也算是"失之东隅，收之桑榆"。其实，周鸿祎原本的目标是做搜索，然后和百度一较高下，但从雅虎中国辞职后，他却创办了奇虎360，做起了安全软件。做出这样的选择，也可能是他内心深处想彻底摘掉自己头上"流氓软件之父"的骂名，于是就创办了360，开始向"流氓软件"宣战。

曾经的"流氓鼻祖"，开始向"流氓软件"砍下第一刀，很多网友认为这是周鸿祎完成资本原始积累之后的卸磨杀驴，是兔死狗烹。当时的周鸿祎也发现，抛掉了3721后并没有抛掉"流氓鼻祖"的帽子，这顶帽子还得戴着。

在一番深思熟虑后，他认为，既然大家都认为他是"流氓软件之父"，那想要彻底正名，想要彻底抛掉这顶帽子，必须向"流氓软件"宣战，不然这帽子永远都会如影随形。

于是，360 诞生了，一开始就做安全软件，目标直指"流氓软件"。怀着壮士断腕的决心，周鸿祎向"流氓软件"砍下了第一刀，也开始了摘帽子的征程。

一时之间，全中国的网友都懵了，好像突然整个世界都变了，原来的"流氓软件之父"向自己的孩子砍下了第一刀。在短暂的蒙圈之后，网友们开始支持周鸿祎，对他也开始有了一些好感，他头上那顶万年不化的冰帽子开始有了松动的迹象。

动了马云的蛋糕

这时的周鸿祎手持大刀，对着遍布网络的"流氓软件"奋力挥舞，杀得不亦乐乎……此时的他还真有点儿"手持屠龙刀，肆意走天涯"的意气风发，也颇有些"武林至尊，宝刀屠龙，号令天下，莫敢不从"的味道，在"流氓软件"的世界里，他的战斗力那可是毋庸置疑的。

但是，杀红了眼的周鸿祎此时面对网友的好评有些飘飘然了，心里有底了，千斤重石终于落地了，"流氓软件之父"的帽子也肯定是飘走了。然而，福祸相依，他砍得太开心了，还砍到了马云的头上，这就玩砸了。

在封杀"流氓软件"的过程中，360 从电脑浏览器中彻底清除了"雅虎助手"这个应用，而这个应用在当时能为雅虎中国带来巨大的营收。360 这么做，马云和阿里巴巴受到了很大的影响，一条财路就这样被周鸿祎斩断了。

俗话说"做人留一线，日后好相见"。在马云看来，你周鸿祎，曾经的"流氓软件之父"，现在改行做安全软件无所谓，但是，你动了我的蛋糕，我能坐视不管吗？

于是乎，马云一声令下，从此和周鸿祎"老死不相往来"，阿里巴巴、淘宝等全部与 360 切割，断绝所有的业务往来，从此"只闻鸡犬之声"，在互联网的世界中，周鸿祎和马云成了面对面的陌生人。

其实，都是利益惹的祸，这个锅也必须由利益来背，但是，动了马云蛋糕的这个梁子，周鸿祎也算是结下了。

第四节 争网络域名标准，和微软对上了

微软终止与 3721 的合作，对于周鸿祎来说，是一个发展中的挑战，而且是一个不小的挑战。但是，周鸿祎并不信邪，他的 3721 以前就曾经面对过与 RealNames（是国外著名的通用网址服务提供商）的竞争，当时 RealNames 正是和微软合作，得到了微软的大力支持，但是，最终的结果却是他周鸿祎笑到了最后，RealNames 快速倒下。

中文网络域名的巨大商机

周鸿祎对于中文网络域名有着比较敏锐的嗅觉，他从创办 3721 开始，就认为这是未来发展的一个巨大商机。于是，后来在 3721 积累了足够多的企业用户之后，便开始向数据库中注册的企业用户收费，他相信这一服务对

于传统企业具有很大的价值，因为在电子商务时代，域名将成为企业新的窗口和标志，而实名域名将可为企业省下大笔的域名宣传费用。

当时，在中文域名这一领域，国际上已经展现出了未来商机的前景。事实上，从非英语体系的亚洲各国到英语体系的欧美，网络实名都是利润丰厚的市场。当时，RealNames 的核心业务就是向世界各国提供"网络实名搜索"，在欧洲和日韩地区都展现出极大的竞争力，占据了这一市场的主导权，更为重要的是，RealNames 和微软进行了合作，微软当时在中国的 IE 浏览器市场占有率为 90% 左右。

虽然后来 RealNames 尝试收购 3721，但是周鸿祎是不可能认可的。正是因为这家公司的发展，让周鸿祎看到了未来网络域名发展的前景，尤其是中文网络域名的未来。此外，这也让周鸿祎明白了一个道理，那就是如果能够和微软合作，对于 3721 的未来是非常有利的，这也奠定了后来和微软合作的基础。

与微软的甜蜜牵手

网络实名，其实是对网络世界的一次重新划分，相当于给了一个新的门牌号和地址，因此，只要是用户给出一个准确的实名，通过这个网络地址就能够找到这个用户。

周鸿祎的 3721 公司主要就是提供中文域名插件的，并且在中国互联网起步阶段抓住了难得的机遇，一举拿下了 90% 的市场份额。在当时的这个领域中，根本没有对手可以与其进行竞争，就连微软都不敢小觑 3721，并且开始谋求与它的合作。

2002 年 10 月 15 日，3721 与微软在网络实名领域达成全面战略合作的协议，并且在微软总部签署。

"这回，我们的市场份额从现在的 90% 提升到 99%，完全不给对手留下机会。"此时，完成合作仅过去了一个月，那时的周鸿祎意气风发，对未来充满了信心。面对人们"3721 会不会是下一个 RealNames？"的质疑，周鸿祎一一反驳，他认为，"这次合作可以让我的终端用户覆盖率从 90% 提升到 99%。9% 是微软带来的，而另外的 90% 就是我们保持独立性的基础。希望利用微软浏览器的影响力，但自己的体系结构我一定要保留，这一点丧失掉了，我以后就只有完全依赖微软。这是原则。"他对于这个问题有着比较清醒的认知，他认为 3721 最重要的是建立一个非常坚固、占有量非常大的技术体系，与微软合作也只是一个补充。

午后的阳光照在周鸿祎的脸上，举目望去，他仿佛看到了未来在朝着自己招手，此刻，一个宏伟的蓝图也在周鸿祎的脑海中慢慢浮现。

谋求发展下的分道扬镳

2006 年，在 ICANN（国际互联网名字与编号分配机构）摩洛哥会议上，微软公司首次向国际社会宣布：继 IE7 浏览器支持中文域名之后，其新一代的视窗操作系统也将全面支持中文域名。此时，微软与一些公司利用插件形式进行合作的合同已经到期，这样的合作形式也正式作古，也就是说，3721 和微软的合作也在此时戛然而止，而这距离周鸿祎曾经意气风发地畅想未来才过去了仅仅 4 年。

从微软的角度来看，这样的变革是大势所趋。在刚进入中国市场的时候，他们并没有专门的中文域名，因此，寻求与 3721 的合作就是必然的，是双赢的。但是，这样的合作也只是权宜之计，是进入中国市场初期的一个做法，微软后续通过技术支持来完善中文域名服务是必然的。

微软终止与 3721 的合作，对于周鸿祎来说，是一个发展中的挑战，而且是一个不小的挑战。但是，周鸿祎并不信邪，他的 3721 以前就曾经面对过与 RealNames 的竞争，当时 RealNames 正是和微软合作，得到了微软的大力支持，但是，最终的结果却是周鸿祎笑到了最后，RealNames 快速倒下，也才造就了后来微软与 3721 的战略合作。

周鸿祎说，网络域名的标准丝毫没有考虑中国人的意见，而网络实名我们的起步并不晚，没有理由让网络实名的标准又落到美国人手里。正是在这样的理念下，他推动了 3721 在网络域名方面的发展，而这也成为他奋斗的一个动力。

第五节　生存之战，挑战 CNNIC

随着两者的矛盾白热化，这一事件逐步成了互联网的热点事件。在这个过程中，CNNIC 明确表态发布规范的主要目的是维护用户利益，争夺下一代互联网地址技术的主动权和网络名称的管理权。而 3721 则指责 CNNIC 想借着其长期被质疑的"权威机构"的名义实现市场的业务垄断，打着"非营利机构"的牌子追求商业化的最大利益。从这一点来看，最后还是归结到利益上。

CNNIC 带来的天降横祸

CNNIC（中国互联网络信息中心）联合搜狐、百度等公司宣布推出一个"关键词网络定位服务解析协议规范"，紧接着，CNNIC 仿照某些营销手段，在全国"画地为牢"，签订排他性的地区独家代理协议，为代理商"封侯授爵"。更为极端的要求是，凡是代理其竞争对手产品（如 3721 网络实名）的公司，均无权经销 CNNIC 的通用网址。

突然之间，和微软合作的 3721 感受到了巨大的威胁，意气风发的周鸿祎怎能任由天上掉下的这个大馅饼砸到自己的头上呢？更何况，这个大馅饼并不是可口美味的，而是可能将他砸晕的横祸。

随着 CNNIC、百度和腾讯结成新标准联盟，三者形成了一个很好的优势互补，CNNIC 具有比较优异的通用网址技术，加上腾讯的浏览器以及百度 "IE 搜索伴侣" 这个寻址软件，短时间内获得了大量的关注，得到了业内广泛的谈论。此时的周鸿祎，大有山雨欲来风满楼的感觉，他深知这势必将会给整个行业的格局造成新的冲击，势必会对 "3721+ 微软" 联盟构成威胁。而这样的情况是周鸿祎所不能容忍的。

随着和微软的战略合作，3721 在中国网络实名市场一家独大，没有一个像样的竞争对手，也正是因为 3721 有着无可匹敌的竞争力，使其在 2002 年营业额就过亿。然而，周鸿祎意气风发的话语言犹在耳，微笑的嘴角还没有放下，CNNIC、百度和腾讯的新联盟就横空出世了，它改变了过去的游戏环境和游戏规则，也给 3721 的未来发展增加了变数。

对簿公堂

面对汹涌而来的挑战，周鸿祎自然不甘落后，双方大打口水仗，你来我往，谁都不肯让步，最终不惜对簿公堂。直至 2013 年 11 月 7 日，3721 网站在其网页的显著位置刊出向 CNNIC 的致歉声明，CNNIC 与 3721 的孰是孰非才终于有了实质性的结果。

其实，从本质上来看，周鸿祎的 3721 之所以不惜对簿公堂，还是因为其自身利益受到了巨大的冲击。毕竟，3721 凭借当时在国内行业中的技术领先，在 "网络实名" 这一互联网搜索业务领域难寻对手，颇有点独孤求败的感觉。当时的他就曾经表示：中国有 1000 万个企业，即使只有 20% 注册网络实名，每年也是 10 亿元的市场。面对如此巨大的市场规模，本来这个大蛋糕自己可以切很大的一块，突然之间，"狼来了"，想要分一块蛋糕，而且还是很大的一块蛋糕，切蛋糕的权力也不在自己手中了，周鸿祎怎能不疯狂。

然而，即便是对簿公堂，依然无法改变 CNNIC 在互联网地址注册管理领域的合法性和权威性。即便是周鸿祎也只能面对现实，3721 只能希望靠 CNNIC "可管理程度"来获取更高的商业利润。

究其根源，之所以两者之间的矛盾不可调和，关键在于在影响到自身利益的事情上，CNNIC 和 3721 都不肯让步，不肯出让自己的核心利益，由此而导致双方的关系成"骑墙之势"。

争议焦点

随着两者的矛盾白热化，这一事件逐步成了互联网的热点事件。在这个过程中，CNNIC，明确表态发布规范的主要目的是维护用户利益，争夺下一代互联网地址技术的主动权和网络名称的管理权。而 3721 则指责 CNNIC 想借着其长期被质疑的"权威机构"的名义实现市场的业务垄断，打着"非营利机构"的牌子追求商业化的最大利益。从这一点来看，最后还是归结到利益上。

CNNIC 和 3721，就像是舞台上唱对手戏的两个角色，不停地上演着一些针锋相对、钩心斗角的游戏。一开始的新鲜和热闹的确令台下的观众津津乐道，但时间长了，老是那么一副换汤不换药的嘴脸，看都看腻了，谁还有兴趣捧场呢？

CNNIC 和 3721，不管双方有着怎样的说辞，每一个网民都可以提出自己的观点。面对一个巨大的市场，核心并不在于谁更高尚、谁更正义，而在于对市场的主导权和份额的争夺。在这场争夺中，周鸿祎无疑落了下风，但是他敢于直面挑战，维护 3721 得来不易的市场，还是值得肯定的。

第六节　陌路悲歌，3721 的命运

即便是周鸿祎，对于马云的这个做法也表示理解，周鸿祎表示："马云如果要接雅虎这个摊子，他就必须铲除掉我的所有痕迹，换了我也会这么做，不破坏旧的哪来新的。"

雅虎收购

2003 年 11 月 21 日，中国互联网上的一则消息刷遍网络：雅虎 1.2 亿美元收购 3721。随着这一收购的完成，3721 的创始人周鸿祎进入雅虎，出任雅虎中国区的总裁。

用了 5 年的时间，周鸿祎从最开始东拼西凑的 30 万元的创业资金起步，到这次 1.2 亿美元出售，3721 造就了一个中国互联网不大不小的奇迹，完成了从 10 万元到 10 亿元的财富巨变，让人不得不刮目相看。

其实，早在这次收购的半年前，不管是新浪，还是搜狐，都曾经找到过周鸿祎，与他沟通过关于收购的事情，而且都给出了相当不错的价格。但是，周鸿祎当时认为这些公司和3721本身的融合度不够，可能在收购之后的未来发展前景不是很好。然而，这样的风波不但没有造成负面影响，反倒使3721的名气更大，身价陡升。此时的周鸿祎仍然在观望之中，他希望能够找到一个最佳的机会出手，因此并没有急于售出，而是一直在等更好的机会。

后来，雅虎找到了他。在2003年，雅虎还是互联网第一，这打动了周鸿祎，他当时想如果能跟雅虎拼到一起，用雅虎的资金、品牌和技术，再加上自己的渠道、客户端和运作能力，不仅能灭了百度，还能把Google也给灭了。

当然，还有一点非常打动周鸿祎，那就是雅虎告诉他有能跟Google相匹敌的搜索技术。最终周鸿祎做出了决定，和雅虎走到了一起。

归入阿里巴巴

2005年10月25日，雅虎和阿里巴巴宣布合作，雅虎将其在中国的全部资产（包括3721、雅虎中国）交给了阿里巴巴，又给了阿里巴巴10亿美元，雅虎则拥有资产合并后的阿里巴巴这家企业董事会的一个席位以及40%的经济效益和35%的投票权。合作之后，3721就成了马云的阿里巴巴旗下的资产。

合作完成之后，马云开始了大规模的整合，3721自然也在马云整合的计划之内，而且是重点整合的资源。周鸿祎早在两个多月之前的8月5号就从雅虎离职了，至此，3721与他也再没有任何关系了，他也早就开始着手创办新的公司了，也就是后来的奇虎。

周鸿祎对于离开雅虎表示是早晚的事情，他认为雅虎的衰落是迟早的，他对杨致远"缺乏远见"的评价就很好地解释了他离开的原因。此外，对于互联网企业来说，如果公司的决策者没有决断的个性，很难在变幻莫测的互联网发展中站稳脚跟，即便是曾经的佼佼者，也最终难逃被收购的命运。雅虎被收购也给了周鸿祎一些启发。

难逃改名命运

曾经的 3721 风光无限，一出现就叱咤中国互联网，而且成为当时的"明星"，家喻户晓。然而，几经周折，后来的 3721 命途多舛，最终没逃出被改名的命运，消失在了人们的视野中，成为那个年代网友们记忆中不可磨灭的部分，现在，也只存在于网友的回忆中了！

2006 年 8 月，一封落款为"雅虎中国客服中心商务部"向代理商发出的邮件，要求代理商们自 2007 年 1 月 12 日起，用"Alibaba"或"阿里巴巴"品牌替换"3721"品牌。至此，"3721"这个品牌被它的新主人马云彻底封藏。

其实，我们如果换位思考，就能够明白马云的此举，即便是一般的网友也大概都能对马云收购雅虎之后的 3721 最终的命运有一个心理上的判断，也许在那个时候大家就已经在心里做好了迎接 3721 彻底消失的准备。至于何时到来，这个则取决于马云，取决于阿里巴巴的发展需要，只是时间早晚的问题罢了。

即便是周鸿祎，对于马云的这个做法也表示理解，周鸿祎表示："马云如果要接雅虎这个摊子，他就必须铲除掉我的所有痕迹，换了我也会这么做，不破坏旧的哪来新的。"从他的话中我们看不出他内心的波动，但是"3721已经卖给马云了，我对此已经没有发言权"这句话还是让我们看到了他不想过多表态。

自己创立的 3721 帝国曾经风光无限，最终却这样烟消云散，周鸿祎并没有悲观，反而比较乐观，他认为"互联网在中国发展了 10 年，这是一个需要创新公司的行业"。同时，他也对资本的价值做了解读，在互联网中，资本非常重要，属于核心因素，但并不是决定的因素。

3721 伴随着中国网民的成长而发展，却在中国网民不断成长的过程中最终销声匿迹。这样的命运彰显的是互联网发展的残酷，也告诉我们互联网的发展就是破旧立新，就是"江山代有人才出，各领风骚数百年"，这是亘古不变的真理。

第七节　生存之本，眼里要有用户

谁是我们的用户，谁是我们的竞争对手，这个问题是从事互联网的首要问题。

总结被骂的教训

一开始创立 3721，周鸿祎立马成为网友眼中的大神，是他们眼中不可企及的传奇人物。但是，后来发生的事情大家都知道了，他被网友骂得狗血淋头，很长一段时间，他都在思索，到底是生存重要，还是好名声重要。在当时的互联网世界中，换作是别人，可能也会做同样的选择，虎狼环伺，生存是第一要务。

后来的周鸿祎表示，他曾经总结过被骂的教训，他认为被骂也是一笔财富，将这当作一个教训，为他后来的成功做了贡献。他认为被用户骂正说明用户有不满意的地方，这些地方也正是产品需要完善的地方，这些都被他用到了后来的产品创新中。

从用户中来，到用户中去

周鸿祎认为应该"从用户中来，到用户中去"。从用户中来，放下架子，真正从用户角度去看产品，把一切花哨的玩意儿去掉，把复杂的技术做到后台，让用户看到的是简单、简洁，让用户用起来是顺手、顺心。这样做出来的东西，才会受到用户的欢迎，才会让产品到用户中去，从而汇聚起大规模的用户基础。有了用户的支撑，企业的发展和产品的创新才有原动力，才有未来持续发展的空间和可能性。

从用户的骂声中发现需求

周鸿祎对于用户的骂声并不排斥，他甚至戏谑地表示他就是在用户的骂声中成长起来的，也是在用户的骂声中才将产品做得更加完美。当然，他也不否认有骂声说明产品还不是完美的。说到最牛产品经理，他认为能够把产品做得让用户骂不出来的产品经理最牛。同时，他还提出："我建议产品经理们去听用户吐槽，这就是真正和用户打交道，这样你会发现很有用的东西。"

一直以来，尤其是创立 360 以来，周鸿祎都坚持用户体验至上。"在行业里面，做出点成绩，你可以骄傲一点，但面对用户，你永远要放下身段，倾听用户的需求，甚至倾听用户的羞辱。"真正聪明的是那些能够从骂声中发现问题的人。他也将这一原则作为铁律，贯彻到企业和产品中去。

从客户体验到用户体验

周鸿祎非常推崇用户体验，并且将其作为企业产品检验的试金石。可能很多人就不理解了：为什么是用户体验，而不是客户体验呢？

对于这个问题，周鸿祎给出了简洁的解读。他认为，在互联网上，不是花钱买你东西的人才是上帝，而是不管有没有花钱，只要用你东西的人都是上帝。只有具备这样的理念，才可能在互联网中谋求一席之地。他建议现在的创业者，不要一上来就琢磨别人口袋里的钱，也别花大力气做广告忽悠他们买，首先要考虑的，是即使他不给我付钱，但如何才能让他知道我，使用我的某一个产品或者服务。用户和客户，只差一个字，带来的结果却是天壤之别。

什么是好的用户体验

周鸿祎在 2012 年 11 月 9 日在 UPA（浙江大学竺可桢学院公共管理强化班）用户体验大会上的演讲中提到了用户体验，并且针对用户体验提出了五点自己的看法。

第一，他认为用户体验的核心在于用户需求。如果不能够满足用户需求，再先进的技术也是零，无任何价值；只有满足用户需求，用户才可能选择产品和服务，才可能实现价值。第二，给用户带来惊喜。他认为用户体验并不是简单满足用户的需求就可以，也不是符合用户的心理预期就万事大吉，而是要超出用户的心理预期，要给用户带来惊喜，这样才能强化用户的使用习惯。第三，让用户有所感知。用户体验，过去理解为产品的外观和包装。错了，要让用户有更多的感知，是因为产品的优秀和满足了用户的需求而选择，而不是因为别无选择而选择。第四，产品细节。产品体验贯穿在用户使用产品时的每一个细节中，做得好就能成为产品制胜的关键。好的用户体验，是从细节开始，并贯穿于每一个细节。第五，聚焦。也就是说，产品的功能可以少，但是必须精，如果功能多，但是每项功能都不能做到极致，反而效果不好。

企业要想生存，最根本还在于用户，只有眼里有用户才能更好地实现用户与产品的匹配，才可能实现产品价值，进而不断提升企业价值。

第二章

创造安全卫士的网络守护者

随着360用户的快速增长，这个从大学时期就做杀毒软件获奖，并且改变了他对杀毒和网络安全理念的颠覆者，正在谋划干一件大事，那就是成为中国互联网安全领域的老大。对他来说，战斗才刚刚开始。

第一节 免费理念，杀毒软件未来之路

目前杀毒软件的利润都是暴利，是流氓……这种暴利在互联网时代应该被终结，上网本这样的硬件都能越来越便宜，软件有什么理由不提供免费的杀毒服务呢？

免费是杀毒软件的未来趋势

在周鸿祎看来，杀毒软件的未来必定是免费的，这是大势所趋，是由互联网发展的整体趋势决定的，而不是任何企业能够决定的。随着互联网的不断发展，今天的互联网安全并不是杀毒软件公司所能够应对的。

针对这一问题，周鸿祎提出了两点：第一，技术陈旧。他认为杀毒软件经过十几年的发展，技术并没有得到相应的跨越式提升，仍旧非常陈旧，也就是说，现有的对付病毒的技术并不能完全解决互联网今天面临的安全挑战。

第二，安全保障的需求决定了未来的免费趋势。互联网渗透性的发展，给传统产业带来了巨大冲击。在这个过程中，几亿网民的安全是最为基础的服务需求，他认为如果每位网民不能免费使用安全软件，可能网民的安全就不能得到保障。

鉴于这两点，周鸿祎从一开始就倡导杀毒软件免费的理念，他认为这一定是未来发展的趋势。从做 360 卫士开始即倡导免费安全、免费杀木马、免费杀毒，成为引领杀毒软件行业免费的急先锋。

在周鸿祎看来，面对现在的互联网发展，杀毒软件企业是可以通过收费来发展几十万用户，甚至更多用户，给企业带来一定的收入，但是这对解决互联网的安全不会产生积极的作用。他一直认为互联网最大的价值就是网民，如果网民因为不安全都不上网，这个互联网是没有价值的。我们只有今天解决了网民的上网安全问题，让更多的人可以放心上网，互联网才有价值，作为一个互联网公司，也才会有价值。

互联网化是共享软件的未来趋势

在很多人眼里，共享软件被视为"流氓软件"，对于这样的观点，周鸿祎是坚决否定的。他认为从整体上看，共享软件的发展是没有大问题的，即便个别出现问题，也往往是一些商业公司、利益集团在背后运作。

随着互联网的发展，软件下载成为一个最基本的需求。如果不能够很好地推动共享软件的互联网化，就难以应对越来越严峻的网络安全，最后的结果可能就是大家都对下载软件有所忌惮，这样就会直接冲击甚至冲垮共享软件市场。

在周鸿祎看来，工具只是暂时的，而服务却是永久的。也就是说，如果一个软件产品仅仅是作为工具而存在，即便是再受欢迎，最终也会有被抛弃的一天。而如果将其视为一种服务，产品本身只是作为一个载体，通过理念的转变，将软件变成一个互联网服务，在用户使用的过程中，必然会对工具背后的服务有更多的认知，进而逐步建立起一个互联网的虚拟社区，此时的产品体现出来的工具的功能将逐步成为连接和沟通的桥梁，进而逐步与网站和网络服务结合起来，这样就会逐步拓展忠实用户群体和忠实用户规模，并且不断提升用户黏性。以此为基础，就可以探索新的商业模式，这样的发展才更有持续性，也更有未来。

免费的力量不可阻挡

免费是互联网的历史潮流，不可阻挡。互联网高速发展的这 10 年中，因免费而成功的案例比比皆是。比如，Google 从一开始就是免费的，因而能在短时间内就获得了大量用户，进而逐步拓展免费的领域，图书馆资料检索、邮箱、地图、照片管理、办公软件等服务逐步免费，才有了现在世界最大的互联网公司的存在。

周鸿祎受到启发，从一开始做 360 安全卫士就宣布免费，不管是一开始的安全卫士，还是后来的杀毒软件，都是对于免费理念的完全贯彻和执行。由于免费，用户积累大大加速，再加上产品本身也非常好用，受到了用户的欢迎，迅速占据了市场。

通过免费来做大安全市场

对企业来说，市场的发展是企业发展的基石，只有市场不断发展，企业才能够在市场发展的过程中成长。也就是说，杀毒软件市场的发展是前提和基础，如果整个市场没有发展，任何企业的发展都是奢望。于是，市场发展就成为身处其中的企业需要思考的问题，而如何推动市场不断发展，免费则是一个很好的做法。

周鸿祎认为，免费应该是完全的免费，是没有附加条件的免费，更是永久的免费。但是，仅仅免费是不够的，还需要不断提升免费产品和服务的品质，这样用户才乐于体验，才乐于使用，整个市场的发展才有未来。

让渡利益才可能获得更大利益

在周鸿祎看来，当初免费的决定是需要极大勇气的，每一年在这方面损失的收入可能以亿计。但即便如此，他还是坚决地推行免费策略，因为他深知通过免费让渡眼前的利益，才可以获得更多的用户，这样在未来才可能获得更大的利益。

通过免费杀毒的创新，让用户在获得更加安全的上网保障的情况下，还不用购买杀毒服务，这种做法颠覆了当时我国已经形成的杀毒软件市场，给用户带来了更多利益上的保障和回馈。然而，周鸿祎并不是傻子，他知道每年损失的这部分利益是多少，但是他更坚信，在未来，随着用户对360逐渐形成使用习惯，有了用户基础和流量后，360获得的是未来发展的广阔市场。周鸿祎让渡了每年以亿计的杀毒服务收费的这部分利益，却获得了360未来的发展，这是更大的利益。

第二节 颠覆理念，重构免费下的商业模式

互联网老是攻击便宜没有好货，免费没有好货，这说法很幼稚。

明星效应下的免费广告

刘仪伟一如既往地留着平头，他眨着眼睛问道："免费了？真的免费了？这样好的杀毒软件以后再也不收钱了？"他的表情在质疑的眼神中显得欣喜无比。这是在 2010 年春节期间周鸿祎的 360 公司为 360 杀毒软件做的广告，在当时的黄金时间出现在各大电视台的节目间隙，让越来越多的人注意到了这款杀毒软件，主打的就是免费牌。

一开始，网民对 360 免费的承诺还是有所质疑的，这一点周鸿祎是深有感触的，因为他曾无数次地被人问到："360 真的是完全免费？永久免费吗？"他也不厌其烦地一次次地解释……最后，他索性找来了刘仪伟，这个和他在

相貌上有些相像的明星，让他在电视广告中统一做了回答。

免费模式的颠覆性

周鸿祎对于免费有着理性的认知，他认为免费是一种商业模式，是让360能够在短时间内增加市场份额的一种商业操作，而不是一种在短时间内让360盈利的模式。相反，他还需要投入许多的宣传和营销资金，去极力地宣传他的免费模式，让更多的网民去使用360杀毒软件。

一开始，很多人还觉得周鸿祎是傻子，免费不是不挣钱吗？为什么还这么卖力地推广宣传免费呢？当然，网友们也只是有这样的疑问，他们并不一定要得到答案，只要能够免费试用高质量的杀毒软件，何乐而不为呢。当然，也有个别的人在嘲笑周鸿祎，但半年之后，这些人不得不佩服周鸿祎的智慧。

艾瑞咨询的统计数据表明：因为周鸿祎的免费，曾连续9年占据中国杀毒软件头把交椅的瑞星，其市场份额已跌至33.15%，而金山已跌至13.93%。在半年之前，瑞星、金山、江民三家瓜分了中国杀毒软件70%的市场。

仅仅用了半年的时间，周鸿祎的免费模式就对中国整个的杀毒软件市场进行了颠覆性的变革，一举改变了整个市场的格局，从中也让我们感受到了周鸿祎决策的果断和英明。

用户是天，而免费是最好的营销方式

周鸿祎深刻地理解了互联网企业的生存思维，网民是基础，用户是核心，只要有了用户，就有无尽的可能，如果用户抓不住，则会陷入万劫不复的境地。

再加之"免费营销"这个最为直接和有效的营销,使得360能够在半年多的时间里就将整个的杀毒软件市场搅得天翻地覆,还直接改变了其格局,免费这一营销方式的运用功不可没。

免费以其摧枯拉朽的气势横扫网络世界,获得了最大限度的营销价值,也一举将360杀毒软件推向市场,使其迅速占据了市场份额。

探索新的商业模式

在免费的模式下,周鸿祎构建了360的商业模式,通过浏览器和软件下载来实现赢利。

首先是浏览器的赚钱模式。当年从美国涉洋而来的火狐浏览器在中国推出了免费使用,并且还在各种网站上投入很多资金进行宣传,其实,它并非不赚钱。火狐和Google达成协议,将Google搜索引擎默认为首页,当你使用一次火狐提供的Google引擎,火狐便从Google那里拿到广告分成。周鸿祎的方法和火狐如出一辙,当你安装了360的浏览器之后,每次打开电脑,你都会看到首先蹦出来的360导航网站,也许有些老网虫不以为然,因为他们往往直入主题,搜索自己想去的网站,从来都没有正眼看过导航页面。但是对于一些不甚熟悉互联网的人来说,这种导航是使用该浏览器接触网络的唯一途径,周鸿祎由此便可以让这些人看到360想让他们看到的内容,而这些都是需要对方网站支付一定费用的。

其次是软件下载。安装360安全卫士,既可以免费使用杀毒软件,还能随时查杀木马,想要对电脑进行体检的时候就进行体检。重要的是,当你想要使用某个软件的时候,也不用再去相关的软件下载基地了,周鸿祎在这里已经为你分门别类地准备好了。华军软件园等网站为何能够生存,是因为通过这样的网站每下载一次软件,被下载软件的提供方就要向华军软件园支付0.1～0.5元不等的代理费用。这个数字再乘以中国4亿网民的话,市场是不是大得让人咂舌？

　　这就是不走寻常路的周鸿祎，他用免费颠覆了传统的理念，获得了大量用户和市场份额，以此为基础，重新构建免费下的商业模式，用实际行动回答了那些关于免费如何赚钱的疑问。他的免费理念，不仅仅让360获得了迅速发展，颠覆了杀毒软件的市场格局，还推动了免费理念的进一步发展。

第三节　创新引领，360安全卫士创新登场

　　我过去得罪了许多"流氓软件"企业以及木马企业，现在又因做免费杀毒得罪许多杀毒企业，这些因素导致我常年成为网上挨骂的主角。

创新理念的坚持

　　360安全卫士自诞生以来，截至2010年6月，已拥有3亿用户，覆盖了中国74%的互联网网民，成为国内用户量最大的安全软件，是中国互联网安全领域当之无愧的第一品牌。360因何快速实现了从0到3亿用户的跨越，颠覆了杀毒行业20年的牢固基业？答案就是创新！不创新毋宁死。这体现出周鸿祎对于创新的坚持，当然，也是创新成就了他，让360能够稳步发展。

创新，通过创新找到自己的市场，是 360 唯一的出路。周鸿祎认为，创新分为颠覆式创新和微创新，前者是道，后者是术。360 应走颠覆式创新，因为这种不断的颠覆和被颠覆会推动产业的进步，推动技术和产品的创新，这也是最符合 360 血性的道路。

自己革自己的命式的团队创新

创新是一种理念，最终还是需要人去执行的，因此，任何的创新理念都需要优秀的团队去完成，所以团队创新尤为关键。意识到了这一问题后，周鸿祎也懂得了一个道理：要做出能颠覆行业的产品，首先就要革自己的命。

周鸿祎指出，360 要从"最大的互联网安全公司"转变成"最大的安全互联网公司"，将安全服务从线上延伸到线下。未来 360 的非核心安全业务将产生更多的独立品牌，通过外部投资、内部孵化两种方式，将团队拆分成一个个独立的垂直公司，并支持它们独立上市。

之所以这么拆分，周鸿祎有自己的想法：公司大了自然就会出现很多管理上的问题。大公司的一个部门看起来资源很多，人才也很多，却干不过外边一个小的创业公司。因为创业公司的目标特别专注，没有特别多的繁文缛节，它们的目标就是一群人把一个产品做到极致。360 找到的方法就是把公司做小。怎么把公司做小呢？很简单，公司有足够成熟的业务，360 就让它独立发展。所以，360 按照集团战略分成了不同的独立垂直公司，让有想法的人能够成为 CEO，真正去带领一个团队，在每一个细分市场上全力以赴，当它有能力独立上市时，360 就可以给这个团队独立上市的机会。

正是有这样对自己下手够狠的那股子劲，还颇有点狠起来连自己都害怕的味道，才有了团队创新的未来，也才有了创新带来的强有力的团队竞争力，以及由此而获得的源源不断的创新活力。有了创新的团队，有了创新的环境，创新自然也就成为水到渠成的事情，成为不可阻挡的发展潮流。周鸿祎和360 就是在这样的创新潮流的引领下，傲立潮头，稳步发展。

发展中的创新之路

从360 创立开始，就一直没有停下创新的脚步，创新成了360 发展的助推器，成了360 开疆扩土的撒手锏。

从创造性地提出永久免费这一个创新开始，不管是后来专杀"流氓软件"，还是打补丁服务，抑或是账号保险箱，都是创新之举，给网民带来了极大的便利。尤其是360 推出的安全浏览器，完全颠覆了传统安全公司的理念和模式，在解决网民安全问题的时候，发现一些危险的网页，360 安全浏览器不是告诫网民不要去访问危险的网页，而是通过独创的杀箱的技术提出了隔离木马的浏览器，让网民越是危险越向前，确保了上网安全。

现在，360 又第一个推出云查杀引擎。借助360 的搜索引擎技术，依托云计算的技术支持，进一步提升了杀毒效能，保障了网络安全。

在创新的道路上，周鸿祎不仅没有回头，还加足马力。他深深懂得创新的颠覆性，懂得创新对于这样一个初创公司的价值，于是，他沉浸在创新的欢乐中，并且骨子里的创新因子还激发了他内心的颠覆因子。

随着360 用户的快速增长，这个从大学时期就做杀毒软件获奖，并且改变了他对杀毒和网络安全理念的颠覆者，正在谋划干一件大事，那就是成为中国互联网安全领域的老大。对他来说，战斗才刚刚开始。

第四节　对战瑞星，打出第一拳

瑞星的漏洞并未得到修补，而且利用这两个漏洞的攻击代码已开始大面积扩散，很有可能会被利用来攻击 360 等其他安全软件。

都是漏洞惹的祸

在 360 安全卫士刚刚出现的时候，瑞星的个人用户超过 8000 万，还有十几万的企业用户。但瑞星的用户覆盖范围非常广泛，大家肯定都对那个打呼噜的可爱小狮子印象深刻，如果按照正常的发展，瑞星的未来是非常值得期待的。然而，"漏洞门"的出现给瑞星带来了很大的危机，然而在周鸿祎看来，这正是一个好机会。

波兰安全组织 NT Internals 曝光瑞星杀毒软件存在两个漏洞，称黑客利用瑞星的漏洞可以获得系统控制权。这些漏洞出现在多个版本的瑞星软件中，一旦被别有用心的黑客利用，对于数以千万级的用户来说，那就是巨大的灾难。

瑞星立刻进行了危机公关，承认漏洞的存在，但是明确表示已经针对性地进行了修复。然而，一些网络专家却表示，瑞星的第二个漏洞并没有完全修复，如果一旦攻击代码在网上扩散，对用户的威胁是巨大的，可能造成的后果也是难以估量的。这是根据瑞星海量的用户做出的预判。

瑞星陷入了被动，但很快调整了公关策略。瑞星的第二次声明很快出来了，他们不再提修复的说法，而是表示这个漏洞并不会对用户的上网带来影响，也是安全的。

原本这次危机算是过去了，然而随着360的一则公告的出现，局势急转直下。

360公告表示，瑞星的这些漏洞并没有真的完全修复，更为严重的是，利用这些漏洞的攻击代码出现了比较严重的扩散。针对这种情况，360已经专门提供了一个紧急的临时补丁，并且为所有的瑞星用户提供免费安装下载。如果用户不下载360的安全补丁，则随时面临着恶意攻击而造成巨大损失的风险。

360的这一做法让瑞星非常恼火，在他们看来，这是明目张胆的抢夺用户的行为。对于互联网公司来说，用户就是生命，瑞星自然不会就此罢休，双方的大战由此拉开了序幕。

瑞星的强硬回击

针对360的言论以及推出补丁的做法，瑞星很快就进行了强硬的回击。

瑞星指责360安全卫士在用户进行安装之后，一旦到了用户的电脑中，360就会未经用户许可而私下开设"后门"，而这个"后门"并不安全，给用户造成了巨大安全隐患，可能会给用户带来严重的损失。

360 不敢怠慢，也没有犹豫，很快就进行了回击。他们表示已经为所有的用户做了升级，这些漏洞已经得到了完全修复，用户不用担心，网络安全是可以得到保障的，并且 360 并没有接到任何一位用户的关于遭到攻击的反馈。

而瑞星依然不依不饶，表示 360 的漏洞仍然存在，并且和一开始关于瑞星的漏洞问题的套路是一样的，瑞星强调 360 的漏洞也由波兰安全组织 NT Internals 确认。与此同时，还特别指出，相比于瑞星的漏洞，360 的漏洞更加严重，可能会给黑客以修改注册表的空子，所带来的危害和造成的后果更加可怕。瑞星更是指责 360 是"免费的"流氓软件""，这样的"后门"是对用户隐私的侵害。言辞激烈，毫不留情。

360 的公关态度

针对瑞星一系列的指责，以及所采用的看似不合时宜的过激言论，360 做出了一个完美的公关。360 表示：漏洞不可怕，态度最吓人。他们在获得漏洞安全问题的时候，第一时间就做了修改，全面进行了升级。

周鸿祎和 360 在此后特别强调了自己的态度。在周鸿祎看来，软件出现问题，发现漏洞是正常的事情，这是不可避免的。因此，关键就在于对待漏洞和问题的态度，正视问题，并且做出及时的补救，解决问题，这才是正确的做法。鉴于此，他认为瑞星的做法是对用户的不负责，在出现漏洞后第一时间想的不是修复，而是否认，欺骗用户，这是诚信问题，用户怎么可能去信任一个没有诚信的网络安全公司。

现在，360 已经上市，未来发展空间无限，瑞星则早已无人关注。从这个角度来看，对战瑞星，周鸿祎无疑是胜利者。

第五节　蜜月结束，与卡巴斯基分道扬镳

今天有收费杀毒厂商的老总写博客，劝我"回头是岸"，仔细拜读后，我领会到了他的真正用意：只要我能放弃免费杀毒，回头和他们一起做收费，那就什么都好说。我想问问大家："你们希望我回这个头吗？"

360 与卡巴斯基的蜜月合作

2006 年，360 安全卫士为了进一步拓展影响力，就找到了当时在中国杀毒软件领域发展很好的卡巴斯基，双方基于自身发展的考虑，最终进行了合作。当时的合作，不管是 360，还是卡巴斯基，都是对于对方的用户渠道比较感兴趣，认为这是可以双赢的合作，能给双方的业务发展带来很好的增长效应。

于是，在达成了合作协议之后，双方就展开了具体的运作。当时的 360

并没有做杀毒软件，因此，与卡巴斯基并不存在业务上的竞争关系。也正因为如此，周鸿祎当时的设想是，只要用户安装 360 安全卫士，就可以免费赠送卡巴斯基。

对于 360 来说，这样可以在短时间内提升 360 安全卫士的用户，借助卡巴斯基的渠道优势和已经累积的用户来实现弯道超车，快速发展。而对于卡巴斯基来说，和 360 的合作也是看中 360 安全卫士的用户，并且还可以得到 360 支付的部分使用费，这样的合作自然也是卡巴斯基非常满意的。

合作产生了非常好的实际成效，体现出了"1+1 大于 2"的价值。在短时间里，360 安全卫士用户飞速增长，在当时，除了腾讯，再没有任何一款免费客户端软件能够与它匹敌。卡巴斯基也是收获颇丰，很快就变成当时国内最大的盒装杀毒软件厂商。

蜜月结束后的裂痕

随着 360 的飞速发展，有了更多的用户，周鸿祎也就有了更多的底气。于是，他在 2008 年推出了 360 自己的免费杀毒软件。

这一举动让卡巴斯基非常不悦，原本没有竞争关系的合作伙伴，此时却在翅膀硬了之后推出杀毒软件，而且是免费的，这分明是来抢占卡巴斯基杀毒市场的蛋糕。于是，双方关系出现了变化，卡巴斯基终止了合作，360 也不再赠送卡巴斯基杀毒软件。当然这还不够，很快，卡巴斯基也推出了类似安全卫士的全功能安全软件。作为回应，周鸿祎后来将 360 安全卫士全部免费，算是对卡巴斯基对标安全卫士软件的一个回击。

卡巴斯基自然不可能为了回击 360 和周鸿祎，而同样采取免费模式。但是，他们也表达了自己的态度，那就是"全功能，才安全"，收费策略并没有放弃。这样的表态其实也是一种变相的对 360 安全卫士免费模式的攻击，认为免费的都不是最好的，而他们自己的虽然收费，但是最好的。

周鸿祎率先和卡巴斯基翻脸,并且在公开场合表示"没有360,卡巴斯基在中国根本就没有机会"。正是这个表态,让卡巴斯基非常恼火,于是,才有了张立申的那封致周鸿祎"回头是岸"的信,并且表示当年的合作并不是他给周鸿祎钱,而是周鸿祎给他很多钱,他才同意360免费赠送卡巴斯基杀毒软件的。

至此,两者关系彻底破裂。

背后的深思

从曾经携手发展的合作伙伴,演变为口水不断的竞争对手,这个过程只用了短短不到两年的时间,让人唏嘘不已。周鸿祎主动进入杀毒软件市场,并且直接免费,给原本就不是特别大的杀毒软件市场造成了颠覆性的冲击,也让原本市场中的大佬们感到不满。

在互联网中,没有永远的朋友,互惠互利的时候可以称兄道弟,利益竞争的时候自然就只能分道扬镳,这是由互联网的市场残酷性决定的,没有竞争的大佬私交可以很好,有竞争的对手,则是老死不相往来。

从蜜月期的亲密合作,到后来的正面对抗,周鸿祎并没有任何的顾忌,在他眼中,别人感冒了,他不能跟着打喷嚏,尤其是在互联网安全领域,凭本事吃饭,他有着高度的技术自信,自然会主动出击,谋求更大的发展。

第六节 杠上金山，得罪了整个行业

一些互联网厂商为了遏制 360 搜索进入搜索市场，一方面通过制造不实的谣言来打击 360 的安全声誉，另一方面试图通过结盟360 的竞争对手来遏制 360。

360 与金山的纠葛

在 360 推出免费的杀毒软件之后，周鸿祎并不只将矛头指向卡巴斯基，而是给市场中所有的已有对手都造成了巨大的冲击，其中，金山就是重要的一个。

在杀毒市场中，金山毒霸的影响力也是很大的，尤其是在雷军的带领之下，金山毒霸占据了杀毒市场中很重要的市场份额。因此，周鸿祎的免费杀毒软件出现之后，金山毒霸也没有幸免，受到的影响也是很大的。

谈到 360 与金山毒霸的纠葛，就不得不提金山的雷军。周鸿祎和雷军，二人曾经也是好友，私交甚好，有着 20 年的恩怨纠葛。因此，当 360 携免费杀毒软件来势汹汹地闯入市场的时候，竞争对手们自然不能坐视不理。毕竟，在他们眼中，周鸿祎不仅仅是一个普通的竞争对手，他直接抛出了免费杀毒，这对于已经形成的收费杀毒模式的打击将是毁灭性的，会给已经形成的十多亿的市场规模带来根本性的冲击。

这时的周鸿祎和雷军也已经不再是以前的关系，他们之间出现了一定的摩擦，并且两个人的口水战也不断。

三家联盟的战略态势

此前，周鸿祎做了 360 搜索，直接目标就是李彦宏的百度搜索。加上周鸿祎和马化腾的 3Q 大战，两个人也早已势成水火。因此，当时市场上出现百度入股金山的传闻之后，人们都在关注着未来的发展态势。

其实，早在之前，腾讯就已经与金山进行了合作，获得金山软件 15.68% 的股权，这是金山单一最大股东。两者的合作不仅于此，腾讯后来还对金山进行了战略投资，对象是金山旗下运营互联网安全服务的子公司金山网络公司。也就是说，腾讯和金山早就是战略合作伙伴了。

如果真如市场上的传闻那样，百度也入股金山的话，那么三家联盟就变为现实，这对于周鸿祎和 360 来说可不是个好消息。

不管是百度，还是腾讯，都是巨头公司，它们一旦战略合作，推出新的产品，目标直指 360 的核心产品的话，将会给 360 带来巨大的挑战和危机。彼时，国内互联网市场中必定会呈现出"三打一"的格局。如果真是这样，那此前周鸿祎展开的轰轰烈烈的战斗就会合为一处，继续战斗。

360 和周鸿祎的回应

面对当时业界盛传的金山、腾讯与百度联合的说法，周鸿祎提出了自己的看法。他直指百度，并且对这一做法做出了评价，他认为这是一个以垄断同盟的方式来声称打破垄断的笑话。

面对他们的合作，周鸿祎也做出了善意的提醒，让他们在联盟的时候要想清楚 360 用户喜爱 360 的真正原因，并且进行了回击，认为他们应该在这之前将自己对用户伤害的相关行为进行清除。

针对这一问题，360 总裁齐向东也是非常理性地看待的。他觉得强大的对手并不可怕，反而可以成为 360 不断发展的磨刀石，能够激发 360 的斗志，让 360 更有创新精神，这样 360 就不会担心因为没有强劲的对手而有所懈怠，失去发展的激情了。他认为这并不是什么坏事，毕竟，360 的成长之路并不是顺风顺水的，反而是在一个个与对手交手的回合中不断发展的。因此，他们可以直面竞争。

周鸿祎在 360 不断发展的过程中，觉得自己翅膀硬了，可以和对手掰手腕了，于是就通过杀毒软件进入杀毒市场，他的免费模式和策略，直接捅到了整个行业的腰眼，踩到了整个行业中所有公司的坐骨神经，得罪了整个行业。作为一个颠覆者，他的颠覆之旅又添亮色。

第三章

旷世 3Q 大战的发起者

一旦出现这种情况，360 多年以来在拓展安全领域市场中做的所有努力将毁于一旦，多年来探索出的商业模式和通过免费苦心积累起来的用户会被腾讯轻易地动摇。周鸿祎是一个斗士，是一个在血雨腥风的互联网争斗中脱颖而出的斗士，他更加明白危机的严重性。

第一节 事件起因，一条短信引发的大战

带着满满诚意，周鸿祎热切期待着马化腾的回应，但是，他等来的仅仅是八个字——这些公司没有价值。这是一种明确的拒绝，并且背后的深意为 360 公司在马化腾的眼中才是有价值的。看到短信后的周鸿祎，深知关乎存亡的一战就要开始了。

硝烟弥漫的危机到来

2010 年春节，周鸿祎在海南的躺椅上享受着难得的温暖时光，一个电话打破了他的好心情。360 总裁齐向东带来了一个让他早就心有余悸的消息，那就是腾讯推出了 QQ 医生，和 360 安全卫士有着诸多相似之处，而且只要下载 QQ 就会被强制捆绑。

听到这个消息后，周鸿祎一下子从躺椅上弹了起来，脑袋上都是汗，不

知道是被海南的阳光晒的，还是被这个消息惊出的一身冷汗，后者的可能性应该更大吧。毕竟，他是行家，明白安全软件的特殊性，很难兼容，天生就是对手，最后用户必然会两者择其一。这对于周鸿祎和他的360来说，无疑是一个狼来了的讯号，而这只狼凶猛无比，他感受到了生存的危机，也感受到了腾讯想向着安全领域进军了。作为国内安全领域的老大，周鸿祎和360必然是首当其冲的，于是，他再也顾不上海南温暖的阳光了，而是马不停蹄地赶回了北京，大年初二就把各个高管召集了起来，一起研究应对之策。

之所以如此谨慎、如此重视，这和周鸿祎自身对这件事情的认知是密不可分的。在周鸿祎看来，腾讯最可怕的地方就在于它数以亿计的用户，数不清的互联网企业都在腾讯的进攻下成为历史，他不想成为这一长串名字中的下一个。周鸿祎认为，QQ医生和360安全卫士的功能高度重合，连界面都非常相似。如果腾讯将强制捆绑的策略持续下去，也许等到春节假期结束，所有PC上的安全客户端就会替换成QQ医生，这种情况是灾难性的，却也是腾讯可以做得到的。

一旦出现这种情况，360多年以来在拓展安全领域市场中做的所有努力将毁于一旦，多年来探索出的商业模式和通过免费苦心积累起来的用户会被腾讯轻易地动摇。周鸿祎是一个斗士，是一个在血雨腥风的互联网争斗中脱颖而出的斗士，他更加明白危机的严重性。

暂时松一口气

召集高管，在公司安全工程师的解读下，周鸿祎了解到虽然借助于强大的客户群体而采取了强制捆绑下载的模式，也在短时间内获得了大量用户，但是QQ医生属于新产品，虽然模仿了360安全卫士的一些功能，但是用户体验并不是特别成熟和完善，因此，很多用户在使用以后并没有持续使用，反而卸载了QQ医生，继续使用安全卫士。

在了解到这一情况以后，周鸿祎做出了一定的判断，他认为这可能是腾讯的一次试水，不会在短时间内对 360 造成巨大的冲击，于是，暂时松了一口气。当时的 360 准备在美国上市，早就已经开始了上市前的准备工作，于是，他便将工作重心转移到上市上面，暂时放松了对 QQ 医生的关注。

真正的狼来了

但过了仅仅半年左右的时间，周鸿祎此前的担心还是不可避免地发生了。这一次，真正的狼来了。

当时正值中秋假期，周鸿祎和李开复等大佬正在 360 怀柔基地挥汗如雨，在真人 CS 的世界中冲杀，可口的农家饭还没吃完，周鸿祎就得到了一个震惊的消息，那就是 QQ 医生华丽转身，摇身一变以 QQ 电脑管家的身份出现，此时，它不再是一个不成熟的新产品，而是涵盖了 360 安全卫士的所有主要功能。如果打一个比方的话，那就是 360 这个"李逵"遇到了"李鬼"，而这个"李鬼"却有可能比"李逵"还猛，"李逵"自然心有余悸。

更为要命的是，腾讯这次采取了比捆绑下载更为有效的方式，那就是静默安装。也就是说，在用户不知不觉中，这一款堪比 360 安全卫士的安全软件就到了用户的电脑中。对周鸿祎来说，这无疑刺中了他的要害和命门。

一条短信背后的故事

周鸿祎了解到这一情况后，深知 360 必然是 QQ 电脑管家进入安全领域的首要对手，如果不能妥善应对，很可能陷入万劫不复的深渊。于是，经过深思熟虑，周鸿祎给马化腾发了一条短信，这条短信表达了周鸿祎的合作诚意，他希望腾讯投资 360，360 则专门做出一款拦截百度的软件，目的是直接打击百度的医疗广告推广版块，这样就可以打掉百度 30% 的收入。为了进一步表达诚意，他还提出了可以为腾讯投资迅雷等提供帮助，这样腾讯可以获益，而且很有创新，不会影响到腾讯互联网老大的地位。

带着满满诚意，周鸿祎热切期待着马化腾的回应，但是，他等来的仅仅是八个字——这些公司没有价值。这是一种明确的拒绝，并且背后的深意为 360 公司在马化腾的眼中才是有价值的。看到短信后的周鸿祎，深知关乎存亡的一战就要开始了。

第二节　被迫应对，周鸿祎的战术

　　于是，在此基础之上，360 网站在最为醒目的位置开通了讨论专题——"用户隐私大过天"，得到了众多网友的积极响应，纷纷在专题下发表自己的观点，短时间内形成了巨量的谈论，营造了一个热点话题。

生存危机激发的斗志

　　虽然周鸿祎是一个斗士，他也在互联网的世界中到处与他人斗争，但是在表达自己的斗争哲学的时候，他认为这是一种纯粹的商场上的生存策略，是不得已而为之的。在周鸿祎的眼中，自己并不是一个到处挑事儿的人，那些所谓的斗争其实都是为了生存而战，是面临生存危机激发出的斗志。

以前，在无数次的商场争斗中，他都笑到了最后，但是，这一次他的对手是马化腾，如果说以前的争斗涉及生存危机还有些矫情的话，这一次却真的是生存危机到来了。在信奉丛林法则的商场中，腾讯无疑是最为顶端的巨兽，360 面对这样的对手不能有丝毫的犹豫和差池，即便是身经百战的周鸿祎，也难免会感到生存的严峻性。对于有着斗士性格的他来说，这更加激发了内心的斗志，以斗争赢得生存也是他的人生哲学。面对腾讯携 QQ 电脑管家而来的强大威势，周鸿祎只能被迫应对。

先发制人，初露锋芒

在当时的互联网界，没有任何一家公司能够和腾讯相比，尤其是在市场拓展领域，毕竟腾讯任何的产品都是基于 QQ 这一社交软件，以此为基础，只要是腾讯想进入的领域，很快就能够获得大量的用户，完全改变原有的市场格局，互联网企业面临的都是巨大的冲击，甚至是消失的命运。

面对强大的对手，举手投降不是周鸿祎的做派，坐以待毙也不是他的行事风格。况且，周鸿祎经历过与互联网诸多大佬的斗争，积累了丰富的斗争经验。他深知在敌强我弱的情况下，率先出击，打对方一个措手不及，通过先发制人的手法，能够收到比较不错的实际效果。即便是最后结果不尽如人意，那也是尽力了，而且在他的眼中，顶多就是一个鱼死网破。

经过精心的准备，2010 年 9 月 27 日推出了"360 隐私保护器"，这是专门针对 QQ 的。这只是一个开始，周鸿祎甚至在力量悬殊的情况下，获得舆论的支持，站在舆论的高点上才有可能占到先机。

于是，在此基础之上，360 网站在最为醒目的位置开通了讨论专题——"用户隐私大过天"，得到了众多网友的积极响应，纷纷在专题下发表自己的观点，短时间内形成了巨量的谈论，营造了一个热点话题。

占据舆论，占据先机

在这一专题之下，有大量的文章都和 QQ 窥探用户隐私等具体内容相关，将 QQ 如何窥探隐私等做法公布了出来。其实，在当时的互联网界，QQ 这种做法是比较普遍的，网友虽然也颇有微词，但是也没有办法。周鸿祎和 360 的出击，给了用户一个表达观点的窗口和途径，一时间，舆论对于腾讯非常不利。

多年以来，周鸿祎深知舆论的重要性，他也算得上是一个网络达人，当时他的微博粉丝众多，在微博中，他也转载和发布大量的相关内容，尤其是《与其苟且活着，不如奋起抗争》等文章，点击和转载数量惊人，充分展现了他在舆论引导把控方面的能力和优势。虽然是被迫迎战，但周鸿祎战术得当。主动出击，获得了舆论的关注和支持，一时间，舆论都对周鸿祎和 360 非常有利，而此时的腾讯却有些蒙圈了，腾讯可以说被打得措手不及，不知道怎么应对才好。毕竟，腾讯从出现开始，借助当时的互联网发展东风，迅速做大，之后从来没有遇到过强大的对手，尤其是周鸿祎这种不按常理出牌的对手，这让马化腾有点挥拳打在棉花上的感觉，好像无处发力。

作为典型的工科男，马化腾更加关注技术方面，因此，在舆论引导把控上自然和周鸿祎差了好几个档次。周鸿祎携微博和 360 官网出击，马化腾不知如何招架，让周鸿祎占了先机。

第三节　风声鹤唳，一个艰难的决定

面对当时的局势，周鸿祎没有别的选择，只能继续应对，摆在他面前的似乎也只有这一条路，否则就是认输，而认输的结果对于他和 360 来说，无疑都是毁灭性的。

你来我往，激战正酣

面对周鸿祎先发制人的战略，腾讯在短时间的犹豫之后，立刻针对 360 的做法，制定出了比较详细的方案，开始进行有针对性的反击。

2010 年 10 月 14 日，腾讯正式应对 360 隐私保护器曝光 QQ 偷窥用户隐私事件，并且做出了详细的说明，采取了法律的手段。腾讯通过法院对 360 提出了不正当竞争的诉讼。在诉讼中，腾讯提出了明确的要求，那就是 360 及其关联公司必须立刻停止侵权、公开道歉并做出赔偿。在法院受理之后，腾讯总算是稳住了局势，将前一段的舆论压力逐步化解，算是对周鸿祎和 360 的正面回击。

周鸿祎也不甘示弱，正面迎击，面对腾讯的起诉，立刻做出了明确的回应，而且马上进行了反诉。周鸿祎和 360 认为，腾讯在这个时候不是直接回应对于窥探用户隐私的质疑，反而起诉 360，这本身就是一种打压的手段，而且很明显有转移视线的嫌疑，这并没有解除外界的质疑，而是采取了回避的策略，这是不对的。

经过周鸿祎和 360 的应对，腾讯并没有完全解除窥探用户隐私的质疑，虽然缓解了舆论压力，但是还远远没有结束。

风声鹤唳，挑战不断

腾讯为了进一步宣战 360，2010 年 10 月 27 日，刊登了《反对 360 不正当竞争及加强行业自律的联合声明》。这一《声明》的出现，顿时让 360 处于风声鹤唳中，这并不是腾讯单独发出的，而是联合了金山、百度、傲游、可牛等公司，共同拟定并且刊登的。通过联合发布声明来表达腾讯及其他互联网企业的态度和观点，这些公司以腾讯为发起人，联合要求主管机构对 360 不正当的商业竞争行为进行坚决制止，对 360 恶意对用户进行恫吓、欺骗的行为进行彻底调查。

随着作为老大的腾讯联合一系列的公司对 360 进行宣战，此时的状况出现了变化。对 360 来说，前段时间主动出击获得的舆论优势消失殆尽，毕竟，网友们都会思索，如果仅仅是腾讯和 360 的纠纷还难以辨别，但是其他公司和腾讯站在一起，很多网友的观点就会改变，前期对 360 的舆论支持也出现了变化。

这让周鸿祎感受到了巨大的压力，毕竟，单单是面对腾讯都是一个巨大的挑战，更多的公司加入，让他感受到了局势的紧张，面对众多的挑战，颇有点风声鹤唳的感觉。

艰难决定，应对到底

面对当时的局势，周鸿祎没有别的选择，只能继续应对，摆在他面前的似乎也只有这一条路，否则就是认输，而认输的结果对于他和360来说，无疑都是毁灭性的。于是，在2010年10月29日，360公司推出一款名为"360扣扣保镖"的安全工具，针对这一安全工具，360告诉用户可以全面地保障QQ用户的安全，包括阻止QQ查看用户隐私文件、防止木马盗取QQ以及给QQ加速、过滤广告等功能。

不得不说，周鸿祎的手段非常有效，针对性也非常强，和一开始对于QQ窥探用户隐私的披露环环相扣。这一安全工具一经推出就大受欢迎，72小时内下载量突破2000万，并且用户数还在进一步增长。

对于腾讯来讲，周鸿祎这一招可谓是直击要害，尤其是短时间内的用户数量的巨量累积，让腾讯也感受到了巨大的压力。毕竟，这绝对是釜底抽薪的做法，用户一旦安装扣扣保镖，360安全卫士就会立刻取代QQ安全中心，一旦这种情况出现，QQ用户的好友关系链也要被360备份，所有用户关系将被导入到360的操作平台上。一旦这一安全工具用户数破亿，必然会从根本上动摇腾讯的根基，对于腾讯的发展也会带来毁灭性的打击，这种情况绝对不能出现，这是腾讯所不能容忍的，这一次，周鸿祎打到了腾讯的痛处。

马化腾对于周鸿祎的这一做法也是深感震惊，根本想不到他会这么做，内心气愤，却又难以出这一口气。马化腾得知这一消息以后，脸色惨白，坐在桌前只说了一句话："怎么也没想到，他会做这种事。"腾讯也做出了及时的应对，表示这是一种"外挂"行为，并且将对这种做法进行反击。

第四节　虽败犹荣，用户至上的执念

　　周鸿祎如此回忆道："这次面临的商业危机已经超过了我人生中经历过的任何一次……风波之大已经超出我的想象，我们对事情似乎也已经失去了最终的控制……这里除了涉及两家公司的商业竞争之外，还涉及几亿互联网用户对于过往使用习惯的放弃，涉及中国网民在社交与安全之间的权衡。"

腾讯的强势反击

　　如果说此前的争斗马化腾还可以容忍的话，那现在对于周鸿祎和 360 动摇腾讯根本的做法，马化腾只可能暴跳如雷，没想到就是这样一个看似不起眼的对手却给他带来了巨大的麻烦，这是让他难以释怀的。因此，他和腾讯必须进行更为强势的反击。

面对短时间内数以千万计的用户损失，腾讯向深圳公安局报案，并且向工信部投诉，马化腾觉得 360 的所作所为是一种明目张胆的对大规模数量级客户端软件劫持的非法行为，如果任由这种非法行为持续，腾讯用户可能会在短短的一周之内就流失大部分，这对于腾讯是毁灭性的打击，他们希望能通过公安局和工信部得到支持和帮助。

丢给用户的选择题

在接连出手之后，腾讯还拿出了撒手锏，他们认为这样下去对腾讯的负面影响是很大的，加之腾讯对于用户还是非常有信心的，这是基于腾讯多年发展累积的用户以及培养的用户习惯，他们希望用户能够在腾讯与 360 之间做出明确的选择。之所以做出这样的决策，腾讯是有着慎重的考虑的，不是意气用事，而是对于用户的忠诚度有高度的自信。在权衡利弊之后，腾讯最终做出了这样的决策，马化腾和高管们草拟了一份公告，主要内容就是，所有 QQ 用户有两个选择：要么卸载 360，要么卸载 QQ。

对此，周鸿祎如此回忆道："这次面临的商业危机已经超过了我人生中经历过的任何一次……风波之大已经超出我的想象，我们对事情似乎也已经失去了最终的控制……这里除了涉及两家公司的商业竞争之外，还涉及几亿互联网用户对于过往使用习惯的放弃，涉及中国网民在社交与安全之间的权衡。"

给用户提供一个二选一的机会，将选择的权利交给用户，将用户的选择作为最终人心向背的参考。腾讯这一招算是险招，但也并不是完全的临时起意，而是在有较大把握的基础之上的剑走偏锋。这一招也无疑给了周鸿祎和 360 一个巨大的打击，毕竟，腾讯的用户习惯早已形成。

在 QQ 安全中心核心功能与 360 安全卫士相似的情况下，大多数的 QQ 用户还是倾向于选择 QQ 安全中心的，毕竟，它可以替代 360 安全卫士。用户获得的是同样的安全功能方面的保障，但是 360 却不能为用户提供 QQ 所能够提供的安全之外的其他功能。

工信部调停下的言和

随着 3Q 大战的持续进行，网络上的舆论热度也在持续着。在这种情况下，工信部原本就比较关注这一热点事件，在收到腾讯的投诉之后，他们认为如果这样持续下去，最终会影响到用户。于是，工信部召集腾讯和 360 两家公司，作为调停者，对两家进行调停，希望它们能够顾全大局，要求 360 和腾讯停止相互攻击，向用户道歉，杜绝类似行为再次发生。此后，两家公司发布道歉公告，结束了大战。

原本是商场上的竞争，结果却引发了广泛的关注，影响到了大规模的网络用户，造成了很大的社会影响，最终工信部、中国互联网协会通过行政命令的方式要求 360 与腾讯双方不要再争执，这一影响巨大的大战才落下帷幕。

至此，360 和腾讯各自鸣金收兵，引得全国几亿人关注的"3Q 大战"才就此戛然而止。

败诉却不改用户至上的执念

虽然双方的大战结束了，但是官司还没有结束。2013 年 4 月 25 日，广东省高级人民法院对此案做出了一审判决，奇虎公司构成不正当竞争，判令其赔偿腾讯公司经济损失及合理维权费用 500 万元。随后，奇虎 360 上诉，二审维持一审法院的判决。至此，3Q 大战以 360 败诉结束，并且赔偿腾讯 500 万元的损失。

对周鸿祎来说，虽然败诉，但是他用户至上的执念却得到了进一步的强化，这也是他的初衷。

周鸿祎和 360 对于用户隐私的关注和保障让他们和互联网老大腾讯展开了正面交战，这其中折射出的用户至上的执念正是周鸿祎在创立 360 之后一直贯彻的，也是 360 发展的根基。

第五节　各执一词，公婆各有理

不管是 360，还是腾讯，在这场大战中都始终坚持自己的观点，都在指责对方破坏了规则，扰乱了秩序，他们各执一词，谁也无法说服对方。不管是哪一方，在这场大战之后，仍然有自己的道理。

诉讼结果下的 3Q 大战

随着二审维持原判，360 败诉，并且赔偿腾讯 500 万元。然而，3Q 大战的余波并没有因此而散去，即便是 360 和腾讯在工信部出面的情况下，各自向用户发了道歉公告，但是，他们还都认为是对方的过错才导致了这场大战，双方还是各执一词，各有各的道理，各有各的观点。至于孰对孰错，每一个用户也都有着自己的观点。

不管是 360，还是腾讯，在这场大战中都始终坚持自己的观点，都在指责对方破坏了规则，扰乱了秩序，他们各执一词，谁也无法说服对方。不管是哪一方，在这场大战之后，仍然有自己的道理。

周鸿祎的观点

对周鸿祎来说，虽然败诉了，他也接受了这一结果，并且进行了赔偿；但是，他并不认为自己做错了，反而认为自己做了正确的事情。即便是贵为互联网的老大，腾讯在窥探用户隐私，被他发现了，面对老大，360依然不畏艰险，为保障用户的隐私权而进行斗争，敢于向互联网老大挑战。

从创立360开始，周鸿祎就开始在安全领域频频出手，尤其是他推出的免费模式，更是得到了用户的高度认可，一举改变了互联网安全领域的格局，也将360逐步推向了安全领域老大的位置。用户是他的生命，原本他已在安全领域高枕无忧，也逐步形成了自己的运作模式，但这个时候，腾讯横插一杠子，周鸿祎气不打一处来。腾讯是互联网老大，原先在安全领域没有涉及，没有这一块业务，也不影响其整体的发展。但360就不同了，360如果失去了市场就失去了发展的根基，因此，面对腾讯进入安全领域的动作，他必然会做出回应。

周鸿祎是在一路与别人的斗争中走过来的人，他深知生存的艰难，尤其是在互联网领域，沧桑巨变可能就在转瞬之间，现在还看似强大无比的企业，可能转眼间就灰飞烟灭。因此，他有着比较强烈的危机意识。对于这一点，从3Q大战开始之前的两年就已经有所预判，他对于这种情况的出现就已经感受到了一定的端倪，只是何时出现，以何种情况出现，他无法预料。

随着腾讯在安全领域的动作频频，周鸿祎被逼宣战，既是为了生存的一种无奈，也是为了用户的一种决绝。

马化腾的观点

对马化腾来说，腾讯出现之后，获得了数以亿计的海量用户，有了 QQ 用户作为基础，腾讯推出任何的新产品都能够让其他公司几乎无还手之力，这一点，已经被无数曾经看似强大却早已消失的互联网企业证明过了。因此，对于进入安全领域他也并没有太多和以前进入其他领域不同的感受，在他看来，这一次也会像此前的很多次一样，腾讯会比较轻松地获得胜利。然而，周鸿祎的反击却让他始料未及，手段也让他难以预料，马化腾认为周鸿祎就像是一个扰乱市场的人，他针对腾讯进入安全领域的做法都是不正当竞争，给腾讯带来了很大的麻烦，给腾讯的用户也带来了很大的不便。

这一次，马化腾没有像以前那样顺利，最后还不得不让用户在腾讯和 360 之间选择，对于马化腾来说，这本身就可以视为一种失败。毕竟，相比于之前的新产品，这一次已经算是失败了。

腾讯有着稳健的发展，它最为依仗的就是数亿的 QQ 用户，这使得它的新产品无往而不利。因此，安全领域是腾讯迟早都要进入的，将腾讯的安全交给别人，它肯定不放心，而安全则可能会给腾讯的发展带来潜在的隐患。

3Q 大战的本质

从局外人的角度看，3Q 大战的本质在于利益。腾讯进入安全领域，看重的是安全领域未来发展的良好前景，以及由此而带来的巨大利益。360 对于腾讯进入安全领域反应如此之大，甚至不惜以命相抵，根源也在于利益，要知道 360 公司的蛋糕都在安全领域，腾讯想进来切一块，而且鉴于腾讯数以亿计的用户基础，可能一刀就把 360 的蛋糕切了一大块，周鸿祎怎么可能同意。

　　不管是用户至上，还是市场规则，都是为了获得用户，而用户就是发展的基础和核心。有了用户就能得天下，失去了用户就失去了发展的根基，本质上，是利益的驱动才造就了 3Q 大战。

第六节　硝烟散尽，思索后的收获

3Q 大战硝烟虽已散尽，但余波并未平息，带给人们的思索其实才刚刚开始。对于用户，对于腾讯，对于 360，抑或是对于整个的互联网安全行业，都需要思索，我们到底有什么样的收获？明白了这一个问题，我们就能够从另一个角度看待 3Q 大战。

大战后的 360

"二选一"事件一出，360 当时在美国的上市计划也因主承销商突然撤退而暂时搁置。当然，这场大战不仅仅国内在关注，全球都在关注，这让 360 一战成名。此后，360 将重心转移到上市上，2011 年 3 月 30 日，奇虎 360 正式在纽交所挂牌交易，证券代码为 NYSE：QIHU，奇虎 360 在美国纽交所的 IPO 总计获得 40 倍超额认购，这是当年中国企业在美国最成功的

IPO 交易之一。

对于 360 的未来发展周鸿祎也进行了思索，他认为 360 在安全领域已经做到了极致，探索的"360 安全卫士—360 杀毒—360 安全浏览器—广告和增值服务收益"的发展模式比较成熟，却很难在其他的领域复制成功。于是，周鸿祎开始考虑进军其他的产业，比如搜索领域、手机和智能软件等，开始进行更多的投资，并且探索新的竞争方式，力图推动 360 的进一步发展。

大战后的腾讯

对于腾讯公司来说，3Q 大战给马化腾带去了很多的思考。此后，腾讯开始推出包括媒体、互联网、法律、知识产权等各行业资深人士在内的"诊断腾讯"会议。会议采取的是开放式形式，针对腾讯面临的尖锐而敏感的话题展开，比如，腾讯是垄断企业吗？腾讯为何必须开放？腾讯是山寨公司吗？腾讯的创新模式是什么？腾讯可能的颠覆者有哪些？这些都给腾讯和马化腾带来了新的灵感，为腾讯后续的深入发展带来了很好的参考和启发。

随后，腾讯正式推出开放平台，逐步转变理念，侧重投资创业领域的发展。随着开放战略的实施，逐步构建起庞大的互联网基础平台，逐步改变过去单纯的互联网公司的发展模式。这样的发展战略的转变和马化腾曾经的创业愿景更加契合，那就是"让腾讯成为互联网的水和电"。

经过这一战，马化腾对于"安全"的价值也有了更深刻的切身感受。他认为腾讯的安全应该由腾讯自己主导，并且在 2012 年成立 10 亿元的安全基金，并称"安全"是腾讯的"国防"。在此基础上，腾讯对组织架构进行了前所未有的大调整，以腾讯 MIG（移动互联网事业群）调整为核心，将手机 QQ 剥离出去，MIG 全面承担电脑管家、腾讯手机管家的相关工作，为腾讯铸就新的"国防"部门。

大战后的互联网企业

3Q 大战给互联网其他巨头也带来了很大的启发，他们对于安全的认知更加明确。比如，2013 年 4 月，百度就进军安全领域，推出百度杀毒，并且强调"不骚扰、不胁迫、不窃取"，不以安全的名义胁迫用户。

另一大巨头阿里巴巴也重视安全领域，2013 年 12 月，阿里巴巴宣布投资 LBE 安全大师（是 Android 平台上首款主动式防御软件），迈出了网络安全的第一步。2014 年 10 月，阿里巴巴推出阿里钱盾（安全类 App）以及阿里聚安全（移动安全开放平台），开始全方位涉足移动安全市场。

随着互联网几大巨头陆续进入安全领域，加之 360 本身的免费策略已经获得了更多的用户支持，BAT 悉数逐步进入免费安全软件市场。受此影响，传统的安全企业虽然也在实施不同程度和方式的免费策略，诸如瑞星、江民等，但是鉴于它们收益的单一化，无法凭借安全软件销售支撑发展，最终消失。金山则因为还有 WPS、游戏、云服务等业务而幸免于难，并且在 2011 年获得了腾讯的投资。

安全引擎研发热潮

3Q 大战之后，互联网安全企业更加重视安全引擎开发，并且逐步倾向于自主研发，以保障企业安全。比如，360 推出了 QVM 引擎【QVM 人工智能引擎是 Qihoo Support Vector Machine（奇虎支持向量机）的缩写。是 360 完全自主研发的第三代引擎。】、腾讯推出 TAV（是腾讯安全实验室独立研发，并使用在腾讯电脑管家和手机管家之上的自主杀毒引擎）自研引擎，百度则推出了雪狼引擎。受此影响，国内互联网企业安全引擎研发热潮到来了，这对于中国互联网安全发展具有极其重要的意义和价值。

3Q 大战必然会载入中国互联网发展的史册，而它所引发的"蝴蝶效应"

尤为明显，不仅仅推动了网络安全软件逐步告别收费时代，进入免费时代，而且进一步提升了人们对网络安全的重视，也让中国网络安全的整体实力得到了跨越式的发展。

第四章

进军搜索市场的搅局者

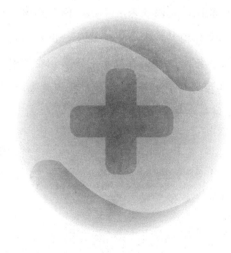

对于搜索市场的其他人来说，周鸿祎来者不善。他们也感受到了一定的压力，虽然远远没有到"狼来了"的程度，但是周鸿祎不打无准备之仗，他蛰伏多年，必定是希望卷土重来，在搜索市场能够有一番作为。从周鸿祎的角度来看，他这次进军搜索市场，希望做一个搅局者，更希望做一个搜索市场的颠覆者。

第一节 想法多多，不放弃的搜索情结

他天生是一个颠覆者，他念念不忘的搜索，虽然明知很难全面和百度进行竞争，但是他认为如果能够抓住一个好的机会，在别的搜索力量薄弱的环节，抑或是创新的领域作为切入点，还是能够做出成绩的。正是有了这样的理念，他对于搜索才有了更多的想法。

周鸿祎眼中的搜索

周鸿祎是一个特别的互联网创业人，在互联网中有着较大的影响力，即便是李彦宏和马化腾对他也不敢轻视。如果说周鸿祎从创业初期开始就与搜索结缘，还是比较贴切的，他一开始的 3721 就带有一点点搜索的性质，为用户提供中文域名，这是一种更为广泛意义上的搜索。

在周鸿祎看来，搜索其实是一个具有强大需求的产品，他举了一个比较

形象的例子，如果我们要上网，要是没有搜索，就不可能，完全是一片空白，什么都没有，如何上网？鉴于此，他认为这样具备强大需求的产品是可以依托自身而发展出完善而强大的渠道的，其他需求比较弱的产品则不具备这样的功能，很难依靠自身来形成强大而完善的渠道，因此就需要借助强大的渠道作为后盾和支撑，否则难以为继。他还列举了移动手机报的例子，他认为移动手机报之所以能够做到这么大，最根本的原因还在于移动手机背后强大的用户群体，依托强大的用户群体的强大的需求，才获得了很好的发展。

搜索市场格局

在中国互联网搜索市场，一开始，百度搜索做得很好，风生水起，当时逐步形成了百度和谷歌在搜索领域的竞争格局。其实，当时的周鸿祎在打算做搜索的时候，对于整个格局的认识是比较理性的。在他看来，当时的搜索市场格局比较稳定，已经很难再出现第三个实力相当的对手了。从整个的搜索市场格局来说，即便是两家斗得你死我活，它们都不会允许再出现一个和它们实力相当的竞争者，这是其一。

再者，在任何一个成熟的市场中，如果有了旗鼓相当的对手占了市场的主导，它们已经形成了较为稳定的用户，并且逐步打造了比较好的品牌，后来者想要在技术上做到平起平坐都非常难，这既需要强大的资金支持，也需要多年的技术累积，更为重要的一点是，用户已经形成了使用习惯，即便是技术相当，用户也不太可能改变已有的使用习惯，这一点最为艰难，也最为重要。

对这一认知，周鸿祎在后来还做出了比较形象的解读，他表示："我原来确实做过搜索，但自己犯了错误，把大好的机会葬送了。如果一个事儿别人已经做了很久，很成熟，没有破绽，你用同样的方法去做，肯定没有机会。就像我经常讲的，打败搜索的肯定不是第二个搜索，打败 QQ 的肯定不是第二个 QQ。"

想法多多的搜索情结

既然周鸿祎对于搜索市场的格局有着比较清醒的了解，也明白很难真正做到和百度等在搜索领域抗衡的水平，那他为什么还一直念念不忘搜索呢？这和周鸿祎创业以来一直不按常理出牌的特立独行的做法有着直接的关系，他并不是一个冲动的人，不会不顾一切后果地盲目行动，在这其中，他天生不服输的性格也是他始终念念不忘搜索的一个重要内因。

他天生是一个颠覆者，他念念不忘的搜索，虽然明知很难全面和百度进行竞争，但是他认为如果能够抓住一个好的机会，在别的搜索力量薄弱的环节，抑或是创新的领域作为切入点，还是能够做出成绩的。正是有了这样的理念，他对于搜索才有了更多的想法。

暗中蓄力干大事

周鸿祎从一开始就和搜索有着不解的缘分，在他心中，也逐步确立了一种潜在的搜索情结。虽然他自己对于搜索情结进行过否认，并且在很长的时间内明确表示 360 不会涉足搜索领域，不会开展相关的业务。但是，他这是在暗中积蓄力量，只是在等待一个合适的时机，找个机会干点大事，要不这样，还真不是他的性格。

对于周鸿祎在互联网界能干出什么事情，别人还真是难以猜测，也难以把握。不管周鸿祎做出什么决策，外界都不会太过于震惊，毕竟，他创业开始走的就不是一条寻常路，他也早已成为互联网大佬中特立独行的代言人。

从周鸿祎多次明确否认涉足搜索业务，到多年暗中的蓄力，最后当 360 搜索推出的时候，确实给了我们一个震惊。但是，这种不按常理出牌的做法才是周鸿祎，这样的周鸿祎也才是大家希望看到的。

第二节　落实行动，360 搅局搜索市场

随着360搜索的推出，搜索市场迎来了一个搅局者。对于市场中的其他人来说，这个搅局者不容小觑，虽然他在搜索市场几进几出，多次功败垂成，但是没有任何人敢轻视他。周鸿祎是一个不走寻常路的创业者，他的进入，让原本波澜不惊的搜索市场变得暗流涌动，可能新的大战就将一触即发。

落实行动，再次进军搜索市场

在搜索市场，周鸿祎曾经有过数次的尝试，但在2012年之前，他已经有7年的时间没有在搜索市场有所动作了。在这一段时间里，即便是面对很多"还做不做搜索"的直接询问，周鸿祎都明确表示360的未来在安全领域，表达了不做搜索的观点。然而，这一切的明确回应，都在2012年8月16日

变得没有说服力。

在这一天，360推出了综合搜索，周鸿祎信心满满地再一次进军了搜索市场。作为天生的颠覆者，他再一次充满斗志地跨入了这个领域，直面曾经的对手，也是自己在搜索领域滑铁卢的制造者——百度和李彦宏。

随着360搜索的推出，搜索市场迎来了一个搅局者。对于市场中的其他人来说，这个搅局者不容小觑，虽然他在搜索市场几进几出，多次功败垂成，但是没有任何人敢轻视他。周鸿祎是一个不走寻常路的创业者，他的进入，让原本波澜不惊的搜索市场变得暗流涌动，可能新的大战就将一触即发。

创新搜索服务的提供者

在360搜索推出一年之后，周鸿祎表示之所以选择在2012年重新进入搜索领域，而不是在之前，是因为他在搜索市场上没有看到颠覆式创新的机会。2012年，在经过多年的积蓄力量之后，在充分的准备之后，他突然进军搜索市场，带来的是创新搜索服务。

360拥有强大的用户群和流量入口资源，这对其他搜索引擎来说极具竞争力，该服务初期采用二级域名，整合了百度搜索、谷歌搜索的内容，可实现平台间的快速切换。360综合搜索是360开放平台的组成部分，充分尊重了用户的选择权，360综合搜索页面的导航菜单提供多搜索引擎切换，将多个不同搜索网站界面集成在一个浏览页面中，用户只要输入一次关键字就可以同时完成多次搜索，并实现快速地切换查看。

2012年9月21日，360综合搜索正式启动独立域名so，花了七位数美元购买，sou则为辅助域名。2016年2月，360宣布，将"好搜搜索"重新更名为"360搜索"，域名也由"haosou.com"切换为更易输入的"so.com"，回归360母品牌，这也意味着360搜索将继续依托360母品牌的基础，在安全、可信赖等方面，继续形成差异化优势。

对于搜索市场的其他人来说，周鸿祎来者不善，他们也感受到了一定的压力，虽然远远没有到"狼来了"的程度，但是周鸿祎不打无准备之仗，他蛰伏多年，必定是希望卷土重来，在搜索市场能够有一番作为。从周鸿祎的角度来看，他这次进军搜索市场，希望做一个搅局者，更希望做一个搜索市场的颠覆者。

医疗和英文的特色搜索

360 搜索根据用户的实际需求，推出了专业的医疗、医药、健康信息的子垂直搜索引擎——良医搜索，通过对网上的医疗信息的筛选，为用户提供放心看病、放心就医的保障。为了保障医疗信息的"干净、安全、可信赖"，这一款产品提供的医疗医药信息更加有效，最大限度地降低了虚假医疗广告和虚假医疗信息的影响，确保了用户的安全。

360 还很重视英文搜索，并且与微软旗下的搜索引擎 Bing 达成了技术合作，上线 360 英文搜索。用户可以使用这一搜索，获得英文资讯、图片以及汉英词典翻译等内容，极大地方便了用户对海外信息的搜索。在此基础上，还采取了双引擎智能纠错技术，新开发了中文 + 拼音输入识别等特色功能，这样的设计更加符合中国互联网用户早已形成的使用习惯，极大地便利了用户的英文搜索。

搅局搜索市场

随着 360 综合搜索的出现，搜索市场进来了一个不按常理出牌的搅局者。对于搜索市场上的任何一家企业来说，周鸿祎都是不可忽视的，他多年蓄力，蛰伏隐忍，定是希望能够干一番大事的。

随着短时间内依靠 360 积累的用户，360 综合搜索很快就跃升至搜索市场第二的位置，向原有的市场格局发起了强烈的冲击。伴随着 360 综合搜索的快速发展，其与搜狗、百度也必有一战，这是不可避免的。原因在于，第一，这本身就是一个零和游戏，属于你死我活的斗争；第二，周鸿祎始终追求第一，他的性格决定了他不可能见好就收。

第三节　深情回望，十年恩怨待诉说

此后，两个人的人生轨迹看似没了交集，李彦宏的百度迅猛发展，而周鸿祎则专注网络安全领域，360 安全卫士也在不断壮大。当所有人都认为两个人从此领域不同、没有交集的时候，2012 年，360 综合搜索华丽转身，两个人的恩怨继续演绎。

钟情搜索的两个男人

说到搜索领域，必然绕不开的一个人就是李彦宏，他的百度搜索现在占据着中国搜索市场老大的位置，是搜索市场格局的主导者，在搜索市场中具有绝对的话语权。

如果让网友再说出一个和搜索息息相关的人，绝大部分网友应该都会毫不犹豫地说出"周鸿祎"这三个字。虽然周鸿祎数次进军搜索市场，也有铩羽而归的经历，但是，他确实是搜索市场绕不开的一个人。

纵观现在的中国互联网搜索领域，李彦宏与周鸿祎，是命运中都绕不开搜索的两个男人。

一个是硅谷历练，回国创业成功，缔造创业神话，打造出了百度这一帝国的搜索市场领军人；一个是四战搜索，蛰伏 7 年，低调归来，誓做搜索行业搅局者。两个人性格迥异，一个是温和的工科男，一个是好斗的独行侠，却都有着壮志雄心，以搜索为线，两个人十年恩怨纠葛，仿若一幕大戏，十年前已经开演，十年后仍在继续。

创业初期的恩怨起点

时间回溯到 1998 年，当时的周鸿祎 28 岁，正是干劲满满的青年，当时他在方正集团，却不甘于寄人篱下，那颗创业的雄心怦怦地跳动着，他做出了辞职创业的决定。之所以如此选择，是因为当时的周鸿祎看到了用户中文上网的需求，辞职以后的他创办了 3721，推出了网络实名的前身中文网址。

在这一年，李彦宏正值而立之年，此时的他正在 Infoseek（搜信）公司任职，领导完成了 Infoseek 第二代搜索引擎，成为第一个使用超链分析的主流搜索引擎。两年后的 2000 年 1 月，李彦宏回国与徐勇创办了百度。

此后的几年，3721 快速发展，成为当时中国互联网中的热点，也成为当时互联网行业中率先宣布盈利的公司。2002 年，3721 销售额达到 2 亿元，毛利 6000 万元，流量、营收两项数据都表现得非常好，此时成立两年的百度在这两项数据方面也难以与其比肩。

2002 年，百度率先发难，年中推出"百度搜霸"这一产品，目标直指 3721，双方争夺的焦点在于 IE 地址栏，最终难以调和，进行诉讼，法院判决百度胜诉。至此，两个人的恩怨开始，并且在接下来的十年中依然持续。

两人的二度交锋

有了 2002 年的恩怨纠葛，周鸿祎始终对打败百度有执念。2003 年，他做出了一个让所有人震惊的决定，将亲自创办的 3721 卖给了雅虎，他获得了 1.2 亿美元的回报，同时，进入雅虎，成了中国区总裁。

在雅虎工作的这段时间，周鸿祎心心念念不忘百度，并且推出了一搜，直接与百度进行竞争。在此基础上，他还构建了整合 3721 网络实名和雅虎搜索的宏伟计划，这也是他与百度二度交锋的雄心壮志。但是，最终没有得到雅虎的支持，颇有点壮志难酬的感觉。

然而，经过 3 年的努力，一搜并没有获得预期的发展。2005 年，当百度在纳斯达克上市，成为中国创业神话的时候，与李彦宏意气风发形成鲜明对比的是，此时的周鸿祎黯然离职雅虎，开始了新一轮的创业。

三度进军搜索市场

从雅虎离职后，周鸿祎进入了安全领域，在奇虎 360 发展的初期，他依然重视搜索，并且推出了社区搜索。此时的百度则越来越强大，直接正面对抗显然是难以成功的，周鸿祎意识到了这一点，社区搜索是一次另辟蹊径的尝试，但结果并不尽如人意，最终也是落寞收场。

此后，两个人的人生轨迹看似没了交集，李彦宏的百度迅猛发展，而周鸿祎则专注网络安全领域，360 安全卫士也在不断壮大。当所有人都认为两个人从此领域不同、没有交集的时候，2012 年，360 综合搜索华丽转身，两个人的恩怨继续演绎。

第四节　常胜将军，唯一一败拜他所赐

　　然而，这个给他唯一一败的对手却让他几次的尝试都无功而返，反而使他在内心深处有了更加强烈的搜索情结。在他看来，他的失败是在搜索领域，那他必然也要在搜索领域获得成功，这才能够给自己一个交代。

互联网界的常胜将军

　　纵观周鸿祎在互联网界的创业和精力，他始终都像一个充满斗志的战士，和身边的很多人都有过商场上的大战。在他的对手中，有阿里巴巴，有腾讯，有安全领域的众多对手，而在这些对手面前，他即便是身处劣势，也始终勇往直前，从不言败。从多次大战的结果来看，他即便是没有胜利，确实也没有失败。

从一开始的 3721，到后来的 360，他在战斗中爆发，他的企业也在战斗中不断发展。整个来看，他可以称得上是互联网界的常胜将军，这一点并不为过。即便是他的竞争对手，对于他也是爱恨交加，情绪复杂。他是一个强大的对手，让人头疼，从不按常理出牌，谁都不知道他下一刻会做出什么决定，谁也猜不透他脑袋里在想什么。同时，竞争对手也对他的创业和能力非常佩服，他是一个从不言败并且始终充满创业热情的创业者，更是一个行业的颠覆者。

周鸿祎和中国互联网的发展几乎同步，他的创业经历也几乎是中国互联网发展的历程。在这个过程中，中国的网民也在壮大和成长，他们对周鸿祎也有着高度的评价。那一次次的大战，每一次都受到网络高度关注，让亿万人直呼过瘾。

常胜将军也有败走麦城时

其实，在和众多对手的交锋中，始终让周鸿祎有所忌惮的人只有一个，那就是李彦宏。

纵观周鸿祎的创业经历，只有在搜索领域让他有失败的感觉，其他的领域他总是能成为颠覆者，直接导致行业格局的巨大变化，成为行业格局中具有重要话语权的人。然而，英雄也有气短时，作为互联网界的常胜将军，在搜索领域却败走麦城，而对手就是李彦宏。

在 2002 年，百度与 3721 的大战中，周鸿祎可以说完败，不仅仅输了官司，也最终导致他把 3721 卖给了雅虎。在判决之后，周鸿祎甚至情绪失控，这也是两个人恩怨开始的地方。

在与其他竞争对手的过招中，他可能败诉，但却没有这么惨，他也不认为那算他的失败，毕竟公司是不断发展的，网络影响力也是在不断拓展的。但是，李彦宏却真真切切地让他有了失败的感受。

失败催生的特殊情结

在这一败之后，周鸿祎卖掉了 3721，进入了雅虎。而此时的百度，却风生水起，在美国上市，创造着神话。而这些，对于好斗和好胜的周鸿祎来说，他怎么能容忍。于是，他推出了一搜，以及后来的社区搜索，只是，这两次尝试都以失败而告终。

如果说第一次的失败让周鸿祎有了初尝失败苦果的感觉，那么后来的两次失败则是他在失败后催生出的特殊的搜索情结。他不能容忍自己失败，尤其是面对同一个对手，这更加激发了他的斗志，也让他愈挫愈勇，希望能够一雪前耻，这是他的性格使然。

然而，这个给他唯一一败的对手却让他几次的尝试都无功而返，反而使他在内心深处有了更加强烈的搜索情结。在他看来，他的失败是在搜索领域，那他必然也要在搜索领域获得成功，这才能够给自己一个交代。

失败的自我总结

有了几次在搜索领域不成功的尝试，对这些失败进行总结是必然的，在总结失败中继续探索，为下一次积蓄力量。

如果说第一次的失败是因为斗争经验不足的话，那么关于第二次的失败，周鸿祎则认为他的构想是正确的，只是没有得到雅虎的支持，没有实现罢了。相比前两次，社区搜索的失败他有着更为深刻的总结。

他认为自己犯了两个错误：首先就是经验主义，当时的团队非常好，而且技术出众，经验丰富，也有充足的资金，但却犯了经验主义的错误，忽略了互联网的变化，没有真正把握好用户的新需求。其次就是平台化思想的束缚，导致力量分散，没有聚焦于一个切入点，也就是专注度不够。想法很多，同时干，招了很多人，摊子铺得很大，但都没有做成。

虽然失败了，但是他并没有解散团队，而是保留了比较完整的搜索团队核心，这也为他后来继续进军搜索领域，推出 360 综合搜索埋下了伏笔。

第五节　战况激烈，你来我往攻防互换

　　百度指责 360 违规，绕开百度爬虫协议，违规抓取百度相关内容，这会给用户造成一定的影响。针对百度的指责，周鸿祎则表示："百度是在滥用 Robots 协议，阻碍 360 进入搜索市场。"

3B 大战爆发

　　2012 年 8 月 21 日这天，360 将 360 浏览器默认搜索引擎由谷歌正式替换为 360 自主搜索引擎，和百度相互争夺搜索引擎市场的战争就此爆发，两个人之间跨越十年的恩怨就此迎来了新的篇章。而此时的他们，也不再是十年之前那两个而立之年的青年了，而是成了到不惑之年的两位大叔了。

　　此时的 360 虽进入了搜索领域，但在实力上与百度还是有着很大的差距的。要知道，此时的百度已经是一家市值 420 多亿美元的企业，市场份额接近 80%，面对这样的一个巨无霸，360 显然在体量上不是一个级别。但是，周鸿祎对于七年磨一剑的综合搜索还是很有信心的。

百度反击

360 综合搜索推出的第二天，百度大受影响，8 月 22 日当天收盘股价大跌 5.74%，创 10 个月以来的单日最大跌幅。

针对这一情况，百度自然不能坐视不理，立马做出了坚决的反击。

"百度知道"打出了第一拳。在用户通过 360 搜索访问百度知道的时候，会自动弹出一个提示："您是通过'奇虎搜索'访问至百度知道，如希望获得完整优质的百度搜索体验，您可以把百度设为首页或把百度添加到桌面。"

面对百度的反击，360 也不甘示弱，迅速回击，用奇虎问答替换掉了百度知道。双方的第一回合算是开胃小菜，初试锋芒。

经过几天的准备，百度在 8 月 28 日晚间发起了最为强有力的反击，"夜袭"360。用户如果通过 360 访问新闻、地图、MP3、百科、图片等一系列的服务，会全部跳转至百度首页。百度的这次反击非常有效，股价当日上涨 3.18%，相反，当日 360 的股价则大跌 6.22%。

紧接着，360 在 8 月 29 日上午继续回击，将所有默认来自百度的相关服务撤换，分别更换为谷歌地图、搜狗音乐。

此后，百度指责 360 违规，绕开百度爬虫协议，违规抓取百度相关内容，这会给用户造成一定的影响。针对百度的指责，周鸿祎表示："百度是在滥用 Robots（爬虫协议）协议，阻碍 360 进入搜索市场。"他觉得，Robots 协议本身是国外搜索引擎和普通网站之间达成的一个协议，现在已经成为行业规则。但是，百度并不是一个单纯的搜索引擎，更是一个内容提供网站，他认为这是针对 360 的一种污蔑，毕竟，别的搜索引擎对于百度百科和百度知道等内容都可以进行抓取。他进一步指出，百度的这种行为其实是一种变相的设置障碍，应该被视为不正当竞争。如果百度有证据，则可以拿出证据，否则这样的指责就是不成立的，是子虚乌有的。他相信网民的眼睛是雪亮的，这样的回击掷地有声，符合周鸿祎一贯的作风。

26 万元全额赔付引发的争议

2013 年 6 月，与 360 搜索有关的一个 26 万元全额赔付的案子引发了广泛的关注，并且引起了巨大的争议。当时，一个虚假的南航网站链接被 360 采用，给一个公司造成了巨大的损失，被骗走了 260257.92 元。360 经过调查后，对受骗者进行了全额赔付。

一石激起千层浪，网络上各种声音纷至沓来，"你看，老周这 26 万花得多值呀！""营销手段无所不用其极！"……很多人都认为这是周鸿祎自己的营销，是策划，是一个炒作事件。

这些声音的出现，其实和长久以来网络诈骗之后的搜索引擎推卸责任有直接的关系。周鸿祎不走寻常路，进行了全额赔付，这是一个个案，但是也引发了更加深入的讨论，对于搜索引擎责任的讨论引发了大家的兴趣。

对于众多的质疑声，周鸿祎做出了回应。他表示，当时的 360 搜索是和谷歌进行合作的，因此，这一个虚假的诈骗链接当时并没有加入到 360 恶意网址库黑名单，因此才被 360 搜索推荐给了用户，他觉得这是 360 的责任，因此做出全额赔付，表达了他们维护用户权益的决心。

周鸿祎的回应并没有消除争议，反而引发了更多的对于搜索引擎责任的讨论，在网上引发了较多的关注。在这个过程中，360 综合搜索确实因此而受益，树立了良好的形象，这一点是周鸿祎希望看到的。

第六节 战至正酣，场外"观众"也不淡定

网友对于 3B 大战是非常关注的，大家都在围观，在网上引发了广泛关注。周鸿祎是一个网络上的热点人物，他有着数百万的粉丝，不仅仅是这些粉丝在关注，普通的网友也都在关注，到底最后谁是赢家，尤其是在双方激烈交锋的过程中，每一天的热点都是 3B 大战，网络讨论热度非常高。

腾讯的策略

面对如火如荼的 3B 大战，腾讯这个曾经和 360 有着激烈大战的巨无霸并没有直接加入战团，而是采取了围观的策略。毕竟，周鸿祎这一次是针对百度的，是和百度对搜索引擎市场的一场争夺。对腾讯来说，这并不是腾讯的核心业务，也不是腾讯的主要战场，因此，围观是比较理性的选择。

但是，腾讯加入了百度组建的"安全联盟"，并且投资 10 亿元成立安全基金。当时正值互联网大会，马化腾发表了主题演讲，当他谈到移动互联网安全这一核心问题的时候，表示要"坚定不移"反对假借用户之名，利用安全进行用户难以辨别的用户信息搜索。

在一般人看来，其实他的话语中直指 360 的综合搜索，甚至被很多人解读为腾讯可能直接参战的信号。但是，最终腾讯并没有加入战团。

搜狗的担心

在 360 综合搜索出现之前，搜狗在搜索市场中也具有重要的影响，当时的搜索市场格局比较稳定，百度一家独大，搜狗等占有一定的市场份额。然而，随着 360 的进入，格局变了，虽然周鸿祎的对战目标是百度的李彦宏，但搜狗却感觉到自己才是最危险的，毕竟，百度的老大地位是难以撼动的，因而，之后的 360 和搜狗也必然有一战。尤其是在 360 占据了 10% 的市场份额之后，搜狗的危机感越来越强烈。

在 3B 大战一开始的时候，搜狗还表示这直接就是复制它的打法，当时还有些得意，但是后来却笑不出来了。毕竟，两者都是基于渠道和用户而生存的，相比于 360 和百度的渠道，搜狗的渠道更加脆弱，搜狗搜索正是依靠占据大部分市场份额的搜狗输入法，带动搜狗浏览器的安装，再用前两个产品盘活搜狗搜索。

从本质上看，两者在业务模式上也没有太大的差别，以渠道为核心，以用户为基础，逐步发展。

搜狗是以输入法为基础核心的，并且搭建整个的框架，正是因为输入法占据了市场80%的份额，因此就成为大多数用户桌面上不可或缺的一款产品，这也是搜狗发展的根基所在。但是，输入法相对来说并不是一种独特性和不可替代性很强的产品，它极容易被替代，因此，它的可持续性和渠道的稳定性相比于 360 就弱得多。一旦 360 结束和百度的大战，回过头来要是和它也来这么一场，搜狗必然难以招架。

各方的观点

网友对于 3B 大战是非常关注的，大家都在围观，在网上引发了广泛关注。周鸿祎是一个网络上的热点人物，他有着数百万的粉丝，不仅仅是这些粉丝在关注，普通的网友也都在关注，到底最后谁是赢家，尤其是在双方激烈交锋的过程中，每一天的热点都是 3B 大战，网络讨论热度非常高。

很多网友虽然支持周鸿祎，认为这是一个很好的机会，但是他们也不太相信周鸿祎能将百度这个强大的对手打败。也有很多网友认为周鸿祎这一招不妙，很可能败下阵来，毕竟，李彦宏是他在搜索领域绕不过去的对手，也是曾经打败过他的对手。

互联网评论人士洪波则有自己的看法，他觉得鉴于两者在体量上的巨大差距，以及两者在搜索领域的境况不同，直接正面持续交锋的可能性几乎为零，更多的是周鸿祎想要再次进入搜索市场的一个态度，以和老大对战来表达自己的态度。他认为百度之所以有如此快的反应和对策，并不是完全因为 360 在技术和市场上的优势，反而是李彦宏对不按常理出牌的周鸿祎有所忌惮，不知道他又要搞什么事情，所以采取了慎重稳妥的方式应对。

博客网创始人、互联网实验室董事长方兴东认为，周鸿祎此次的这一战意义非同凡响，已经远远超越了此前与腾讯的较量，甚至有可能会影响到未来 360 的走向。他鉴于搜索市场上百度一家独大的格局，认为周鸿祎此次大举进军搜索市场会对百度造成不小的冲击，甚至是一个改变搜索市场格局的事件。至于未来的走向如何，他认为用户是关键，产品创新是核心，谁能在这两个方面做得更好，未来就能够更有竞争力。

网络时代，任何的风吹草动都可能引起全民围观，何况是周鸿祎和李彦宏这两位大佬参与的百度和 360 的相互交锋！这样的网络事件各方怎么能够错过？因此，场外的"观众"也都在通过各种方式表达着自我，获得一些参与感。

第七节　战果思索，双赢 or 两败俱伤

　　不同的人，从不同的角度，自然得出了不同的结论，这是看问题的角度和立场不同所带来的必然结果。当然，对于 3B 大战战果的思索，我们也应该从不同的角度去看，这样更有助于反思，进而得出更加理性全面的结论。

大战战果的思索

　　对于 3B 大战的战果，不同的人有不同的观点，尤其是在大战激烈进行的过程中，很多场外的"观众"都参与进来，表达了自己的观点。当这场影响巨大的大战真正进入尾声，快要偃旗息鼓的时候，对于大战战果的谈论还是网络上的热门话题，而且在很长的一段时间内都占据在网络热门话题的前列。

不同的人，从不同的角度，自然得出了不同的结论，这是看问题的角度和立场不同所带来的必然结果。当然，对于 3B 大战战果的思索，我们也应该从不同的角度去看，这样更有助于反思，进而得出更加理性全面的结论。

360 的成败得失

360 搜索是周鸿祎七年磨一剑，经过充分的准备之后才再次进军搜索市场的。这次通过与百度的激烈对战，360 还是获得了很大的收获的，这一点是毋庸置疑的。首先，360 正式进入了搜索领域，并且站稳了脚跟，一开始就和老大叫板，掰手腕，还没有太落下风，反而占据了中国搜索市场 10% 的份额，还将曾经的老二搜狗挤到了第三位，获得了稳定的市场占有率，这就是最大的成功，是最大的赢。其次，360 搜索因为这 10% 的市场份额获得了更多的用户，用户带来的新的流量，对于 360 来说是未来发展的很好的依托。

随着官司的败诉，360 搜索赔付了百度 70 万元，这损失对于 360 来说，几乎可以忽略不计。360 搜索在获得战果的同时，其实也进入了一个瓶颈，面临着很大的挑战。在技术领域，他们的团队有着强大的信心，可以和百度的技术团队一争高下，他们怀着做一款非常伟大的产品的信念而努力，然而，百度毕竟家大业大，是巨无霸，依然占据了搜索市场 80% 的份额，在这种情况下，360 搜索即便是技术不落下风，也因为缺乏积累和用户而难以真正给百度造成影响到其在搜索市场老大位置的冲击。这是 360 搜索天然的劣势，而且是难以弥补的劣势，当然这对技术人员的打击也是非常大的，对他们来说，这是一个非常令人沮丧的现实，但是他们也不得不接受。他们在技术领域可以雄心壮志，但是始终无法摆脱百度市场份额和整体竞争力所打造的搜索市场的桎梏。

百度的成败得失

百度作为中国搜索领域的绝对强者，基本上处于一家独大的地位，因此，360 搜索进入市场之后，迅速获得了市场份额，并且经过这一战，一举拿下了 10% 的市场份额，这其中必然有原本属于百度的市场份额。搜索市场蛋糕就这么大，百度占据了绝大部分，周鸿祎挥舞着小刀进来，一下子就切去了十分之一，百度岂能幸免。从这个角度看，百度无疑是受到了损失，其市场份额也必然会出现一定的下滑。百度及时应对，激烈对战，目的在于尽可能地将损失降到最低，也算是一种小输当赢的理性策略。

然而从另一个角度来看，百度虽然损失了一定的份额和流量，但是市场上终于出现了一个搅局者，让百度有了一定的危机感。这种危机感是在此前搜索市场老二位置的搜狗难以提供的，危机感带来的必然是百度的创新，而创新则是互联网企业发展的根基和源泉。突然来了这么一个称得上对手的竞争者，百度必然在搜索领域激发出更多的创新因子，这在无形之中也为百度注入了一些创新的活力，对于激发百度重拾创新这一生存的根本也是有好处的。当然，这不是周鸿祎的本意，他一直想打败百度，打败李彦宏这个让他真正失败过的对手。

用户的收获

对用户来说，不管两者谁输谁赢，以及他们两者的市场份额有多少，这些都不重要，用户关心的是他们自身的利益，是他们自身的用户体验。因此，站在用户的角度来看，他们无疑是彻底的赢家，毕竟，两者的对战必然会让两家更加重视用户，更加重视用户体验，只有这样，他们才能够获得更多用户的支持，让用户带来更多的流量，从而获得更多的收益。

在两家激烈对战的时候，用户是围观者；在两家暂时收兵之后，用户是最大的受益者。用户是市场的根基，任何一家都明白得用户者得天下的道理，在未来，不管整个的市场格局如何变化，市场战况如何，用户都可以坐看风起云涌。

第八节　鸣金收兵，大战在未来不远处

中国搜索市场在不断发展，市场格局在不断变化，因此，竞争必然会更加激烈，对于用户和流量的需求也会更加迫切。因此，这场大战只是一个序曲，停战也只是暂时的，而不是真正的和谐相处。在市场就这么大的前提下，蛋糕也就这么大，谁都想切更大的一块，而那些市场主导者最低的诉求就是保持现有的份额和流量，因此，必然会带来新一轮的大战。

3B 大战余波

虽然双方的大战已经偃旗息鼓，但是双方的诉讼官司还在继续，直到两年后，3B 大战才以一场官司的宣判而颇有仪式感地结束了：法院判决 360 因不正当竞争赔偿百度 70 万元，同时驳回百度限制 360 抓取其内容的要求。

大战虽然暂时告一段落，但是 360 搜索却在继续发展，百度也仍然维持着其行业老大的位置，占据着主导性的市场份额，搜狗虽没有直接参与到这场大战中，但是也受到了一定的影响，并且在未来的发展中也面临着更大的挑战。

纵观这场混战，从 PC 打到移动，从搜索引擎打到应用分发、智能硬件等新领域，BAT 均深涉其中，有道、搜搜、盘古和即刻等玩家已销声匿迹，搜索市场已沧海桑田，新的市场格局悄然形成。

搜索市场的未来

虽然中国的整个搜索市场在不断发生变化，一些曾经的企业消失，新的企业进入，整个市场格局不断变化。但是，市场中的参与者对于整个市场的未来发展前景还是非常有信心的，他们认为搜索市场仍然是一个潜力巨大、大有可为的市场。

在 2012 年，百度、搜狗公布的财报均显示其营收和盈利能力在大幅上涨。在两周年之际 360 同样捷报频传，例如站长平台升级加速商业化，在搜索板块支撑下，360 市值同样坐上了直升机超过 115 亿美元。

虽然竞争激烈，但是随着移动搜索市场的逐步拓展，其成为各家争夺的新战场，他们犹如发现了新大陆，纷纷占据这一新市场，力图再下一城，巩固自己在搜索市场中的地位，争取更多的市场话语权和影响力。百度每日移动流量导出已达到 10 亿，移动营收已突破 30%。360 则在 2014 年 8 月 3 日宣布其移动搜索流量已突破 1000 万，尽管从绝对数值来说 360 与百度悬殊极大，但鉴于其发力最晚，发展速度还是很快的。

其实，在这个时候，对于移动搜索的未来，很多人普遍不看好，尤其是行业之外，看低的声音占据了主流，业界也普遍唱衰搜索引擎。之所以会做出如此的判断，是因为大家都普遍认为随着移动互联网的发展，搜索引擎的流量入口会产生重大的变化，曾经的主导地位将会被极大地弱化，用户将通过 App 直接和企业产生联系，这种情况必然会对搜索市场造成巨大的冲击，企业也将不再需要去搜索引擎上投放广告。然而，移动搜索市场的发展用数据证明了外界看法的错误，这是他们对移动搜索市场的严重低估，整个移动搜索市场未来的发展还是非常巨大的。

大战在未来不远处

中国搜索市场在不断发展，市场格局在不断变化，因此，竞争必然会更加激烈，对于用户和流量的需求也会更加迫切。因此，这场大战只是一个序曲，停战也只是暂时的，而不是真正的和谐相处。在市场就这么大的前提下，蛋糕也就这么大，谁都想切更大的一块，而那些市场主导者最低的诉求就是保持现有的份额和流量，因此，必然会带来新一轮的大战。

周鸿祎又腾然而起做了一个带头大哥，向百度发起了新一轮的试探。

2016 年 5 月 3 日，360 搜索宣布放弃一切消费者医疗商业推广业务。360 搜索称，只要互联网医疗商业推广这种商业模式存在，就无法从根本上杜绝虚假医疗信息给用户带来的伤害。

这一决定直指百度推广。百度医疗推广作为百度业务中的一个重要板块，一直是其主要的收入来源之一。然而，在出现众多的纠纷之后，百度本来就有点应接不暇了，也受到了网友的广泛批评，这个时候，周鸿祎这样的做法无异于向百度再次宣战。

平静只是暂时的，是大战酝酿前的写照，也许睁开眼，新的一天到来的时候，搜索市场的发展之战就又卷土重来了。

第五章

跨入手机市场的小学生

智能手机，具备了千元左右的价格条件，具备了一定的配置标准，两个相结合，一旦普及成为大众消费品，商业模式才有可能被移植，或者有创新，中国互联网才有可能进入下一个黄金十年。

第一节 瞄准手机，到底为哪般

周鸿祎看来，在 2000 年左右的时候，PC 机推动着中国互联网进入了一个黄金十年。在 2010 年左右，随着智能手机的迅速崛起，其必然成为未来中国互联网另一个黄金十年的助推力。

智能手机大众化

周鸿祎对于智能手机大众化有着很多的期待，他认为这是中国互联网下一个黄金十年的金钥匙。对于智能手机，这一标准是苹果定的，然而，谷歌的安卓系统也功不可没，为智能手机大众化带来了无限的发展空间。

以安卓系统为基础，制造出高性价比的智能手机，才可能是中国智能手机大众化的未来方向。仅仅依靠苹果、三星等高端智能手机，在中国是不可能实现智能手机大众化的。这是周鸿祎的观点，也是很多其他人一致认同的观点，毕竟，中国人口众多，高端智能手机在智能手机中的占比不会太高，而中低端的千元智能手机是未来中国智能手机大众化的主力军。周鸿祎敏锐地意识到了这个问题，并且他觉得单靠一个或者几个智能手机厂商是不现实的，需要产业共同努力，为智能手机大众化提供强有力的支撑，才可能变为现实。一旦他所倡导和认为的智能手机大众化变为现实，那必将是一个智能互联的新世界，是中国互联网全新的黄金十年。

这个新的黄金十年到来，产业内的任何人都是受益者，整个产业也会因此而跨越式的发展。这就像是水涨船高，大河有水小河满，小河无水大河干，这个道理是浅显易懂的，只是很多人看不到这个趋势。

360 为什么要做智能手机开放平台

属于手机互联网的时代已经到来，周鸿祎坚定地认可手机互联网化这一未来的方向。鉴于此，他和 360 有着清醒的认知。

360 的优势在于互联网软件和服务，它本质上还是一家互联网安全公司。然而，周鸿祎并不排斥智能手机，这也和他本人以及 360 倡导的开放原则密切相关。他越来越感受到传统手机厂商对于手机互联网化的兴趣，以及它们在这方面天然的劣势，而这些正是 360 的优势所在，因此，作为互联网中的大佬，他怎么能够错过这个新的黄金十年的发展机遇。于是，与手机厂商的合作就变得顺理成章，水到渠成。

这样的合作是双赢的，这是周鸿祎进军智能手机市场的信心。

对合作厂商来说，它们获得的是 360 提供的完善的开放平台，而这有利于弥补它们自身在互联网方面的不足，让它们能够从新的智能手机互联网化的大潮中获得更多的回报。同时，还可以与 360 一起形成利益共享的机制，拓展未来发展的空间。

对 360 的用户来说，他们不仅能够获得性价比较高的智能手机，还能够获得内置的更多的服务，他们会更加便捷地使用智能手机。

对 360 来说，为用户提供了性价比高的智能手机，赢得了用户的认可，既提升了品牌影响力，又进一步提高了用户的忠诚度，而且还打开了一个新的发展方向，这和 360 智能硬件的未来方向是一致的。

在周鸿祎看来，这样的合作是共赢的，任何参与其中的人都能够获益。在这样的思考中，他以一个小学生的姿态，进入到了智能手机领域，开始了全新的挑战。其实，对于他来说，挑战本身可能比成功更能让他激动，让他有斗志和热情。

360 对手机厂商的要求

360 决定进入智能手机领域之后，对于合作者也有着较为严格的要求。周鸿祎认为，必须是有历史的厂商，而且要有每年不低于 500 万台的出货量，还要有线下的售后服务系统。之所以做出这样的决策，是为了更好地方便 360 用户，维护 360 的形象和信誉。不管是质量，还是价格，抑或是售后服务，周鸿祎的要求都不含糊，他不做则已，要做就要做最好的产品，这是他一贯的风格。

像一个小学生，却没有战战兢兢，而是信心满满，他走入手机市场，希望能够像曾经在互联网市场上那样，掀起新的风浪。

第二节　特供手机，市场残酷打脸

　　对于未来的智能手机市场，周鸿祎充满信心，毫不犹豫地推出了特供机，希望能够作为后来者分一杯羹。然而，作为一个手机领域的门外汉，他的想法是丰满的，现实却是骨感的，市场残酷打脸。

360 特供机市场不买账

　　360 推向市场的第一款特供机是与华为合作的华为闪耀。周鸿祎满怀希望，希望这款特供机能够打响 360 进军智能手机市场的第一枪。然而，这第一枪是打响了，却没有得到太好的回应，市场销售可以用惨淡两个字来形容。

　　第一炮没有打响，周鸿祎并不气馁。他也明白自己在手机市场中只能算是个小学生，于是再接再厉，推出了与阿尔卡特合作的第二款特供机，型号是 AK47（阿卡 47）。然而，让周鸿祎始料未及的是，这款手机的销量竟然还不如第一款，如果第一款算得上惨淡的话，那这第二款称之为惨不忍睹也并不过分。此后不久，360 与海尔、高通合作推出海尔 W910，这是 360 推出的第三款特供机，命名为"超级战舰"，虽然一开始的预订和销售看似火爆，但是仅仅过了几个月的时间，价格爆降，却仍然没有获得消费者的青睐。

他意气风发，在互联网界打拼多年，他的底气在于庞大的 360 用户群体。于是，他进军手机领域，特供机成为他敲开手机市场大门的敲门砖，然而，这块敲门砖并没有起到抛砖引玉的实际效果，没有成为他再创佳绩的金钥匙，更没有为他敲开庞大的手机市场，反而像是被对手借力打力一样，拍在了自己的脑门上。

初战不利，这对于周鸿祎来说，虽然不能说完全想不到，但也确实太出乎他的预料了。不过这也给他上了一课，虽然这一课的代价有点大，但是这并不妨碍他既定的手机梦想。

"流量换销量"成空谈

在周鸿祎手中，有一个撒手锏，那就是流量。360 经过多年的发展，已经积累了庞大的用户群体，这样的用户群体带来的流量是非常巨大的。俗话说"百姓手里有粮，心里不慌"，对周鸿祎来说，他手里的"粮"自然就是流量，这让他虽然首战失利，却并没有慌张。

在与手机厂商合作的过程中，他提出了"流量换销量"的模式。借助 360 现有的技术和平台，通过流量导流，将流量导入到电商平台中。合作厂商推出特供机，免费预装 360 的各种服务。

通过这样的合作，360 通过流量置换，获得销量；而合作厂商则可以依托 360 的庞大流量而获得更多的关注，提升销售量；电商平台则通过推荐特供机产品而获得 360 导入的流量。看起来这是一个三赢的模式。

"流量换销量"的想法虽然是非常好的，但是忽视了市场的残酷性，将市场想象得过于简单。周鸿祎算不上是乐观主义者，但是在"流量换销量"上，确实有点轻率，犯了理想主义的错误，对于市场的预期过于乐观了。

要想达到这样的预期，有一个前提条件，那就是360的PC端的流量能够顺利而迅速地转换为销量，并且在这个过程中能够将合作厂商的品牌知名度快速提升。否则，三赢的局面难以很快实现，鉴于利益的问题，这样的合作也可能很快就会不复存在。

残酷市场的背后

周鸿祎笑脸进入，结果却贴到了冷屁股，市场用残酷给予了他回应。他即便是一个在大风大浪中过来的大佬，内心应该也是五味杂陈的。作为老江湖，他怎能对市场的残酷不了解，但是，智能手机这块蛋糕太大了，太诱人了，即便不是他擅长的领域，他也在思考之后，认为有可能成功，即便是失败，付出一定的代价也是值得的。

残酷市场的背后，其实是庞大的市场吸引力，这让周鸿祎这样的老江湖也难以不心动。心动不如行动，对于现实主义者周鸿祎来说，他很快就付诸行动了，而市场的回应则更快、更直接、更无情。

残酷市场背后还有一个深层次的原因，那就是手机用户的选择。周鸿祎武断地认为360的忠实用户一定是特供机的忠实拥趸，其实，这两者之间虽然是同一个用户，却并没有天然的直接联系。他对于这一问题的认知出现了偏差，想要剑走偏锋，却被剑刃伤了脚。面对残酷的市场，即便如周鸿祎，也只能打碎了牙往肚子里咽，毕竟，还需要重整旗鼓，来日再战。

第三节 盼"好机友"，却成试水路上的炮灰

正是看到了未来手机市场巨大的发展空间，周鸿祎才义无反顾地进入市场。虽然被市场打脸，但是他还是在努力和手机厂商合作，希望能够扭转战局，一改开始上市时的颓势。

"好机友"的不满

在前三款特供机市场销量惨淡的情况下，360并没有停下脚步，很快就将与夏新合作的"360特供机"推向了市场。这一次，相比于前三款特供机，销售情况还算过得去，至少不是那么惨淡了。然而，这款特供机售价为999元，相比于前三款特供机，可以算得上是超低价了。

夏新自然还算是满意的，然而，其他的合作厂商不干了。这就相当于是夏新以超低的价格将前三款特供机直接秒杀，这真是"长江后浪推前浪，前

浪死在沙滩上"。这一举措无异于兄弟阋墙，内部首先就出了问题。

从一开始，周鸿祎就通过他的口才，为合作厂商绘制了一个宏伟的蓝图，画了一个大饼。这些合作厂商当时也认可这种模式，并且认为这种模式是可行的。然而，在前三款特供机销量惨淡，被市场残酷打醒之后，它们本来就在犹豫到底该不该继续合作。这个时候，夏新的做法自然给这件事情火上浇油，让原本就有情绪的其他合作者更有怨言。此前的华为和海尔，这个时候本来就因为市场反应不好，销量差而内心有积怨，看到夏新的做法，两家颇有点"怒从心头起"的感觉，和周鸿祎以及 360 之间因合作而具备的信任瞬间就崩碎了。

众机友的倒戈

受到 360 不同款特供机的价格差别的影响，此前还非常坚定的合作伙伴与 360 之间的合作戛然而止。然而，这并不是结束，而仅仅只是一个开始而已。此后，国产手机领导品牌"中华酷联"中的中兴、酷派、联想等都明确表态，他们对于周鸿祎和 360 的特供机计划并不感兴趣，并没有进行合作的意图。这犹如一石激起千层浪，一时间，周鸿祎和 360 仿佛成了手机市场中的不受欢迎者，金立、OPPO 等传统渠道比较强的国产手机厂商也没接过周鸿祎抛出的橄榄枝，都委婉地拒绝了与周鸿祎的合作。

就连一开始最积极响应周鸿祎，第一个与周鸿祎合作的华为，此时此刻，也是意兴阑珊。华为终端董事长余承东还自己删除了一开始热情回应合作的微博，即便是在其他的场合，被人问到这个问题的时候，他也以"不想多说"四个字进行回应。

此时的周鸿祎环顾四周，突然发现，昨天还熙熙攘攘，今天却门庭冷落，境遇转换之快，让他始料未及。此时的周鸿祎，在内心深处想必一定也有着一丝丝的苦涩吧，会不会有点当年项羽在乌江孤立无援的孤寂呢！

倒戈背后的深思

从一开始的众星捧月、热情捧场，到后来的黯然放弃，周鸿祎的好机友分崩离析，纷纷倒戈。这其中的深意，明眼人都能够看明白。

既然合作是商业行为，那盈利就是首要的诉求。对于手机厂商来说，他们和周鸿祎以及 360 之前并没有竞争关系，不是敌人，但是，也算不上朋友，即便是周鸿祎和其中的一些手机厂商的决策者有着不同程度的私人关系。但是，朋友是朋友，生意是生意，朋友可以在一起推杯换盏，但是一旦谈到生意，盈利才是王道。没有获得预期的回报，甚至是品牌受到了负面影响，在这种情况下，他们也会毫不犹豫地做出决策。周鸿祎一开始所描绘的大饼自然只能是空中楼阁，对他们来说，这就是一个画饼充饥的梦，梦醒了，就继续该干啥干啥了。

这是人之常情，更何况即便是手机厂商的所有者，他们也得向合作伙伴交代，向员工交代，向投资人交代，向股东交代。在这种多重的压力下，合作分崩离析也就变得理所应当了。

此后的周鸿祎开始与三线手机品牌进行合作，甚至开始和山寨品牌沟通。它们和一线手机品牌不同，它们完全没有渠道能力，但是，周鸿祎还是坚持着他的手机梦。而在这种情况下，360 特供机就难以摆脱小品牌手机的标签了，这对于周鸿祎来说，也是一种无奈之举。

第四节　抬头望天，未来之路在何方

"我觉得我猜到了开头，但是没有看到结尾。但我觉得时间还不晚，这件事我原来没有做成，我还是想坚持把它做下去，所以做手机是一个蛮多想法的结合。"

对于360特供机的市场表现，以及合作者的态度，周鸿祎做出了这样的表述，算是对这一次手机市场试水的一个阶段性的总结。同时，他也表达了坚持做手机的态度，明确而坚决。周鸿祎有些落寞，抬头望天，未来之路在何方？这个问题，需要他自己去思考。

手机市场多元化更利于用户

虽然试水失败，但是他对于手机市场的未来发展还是很有信心的。他觉得现在的手机市场已经非常大了，但未来的发展空间还是很值得期待的。对于现在的手机厂商，他认为做得都不错，有优点，这是值得 360 去学习的。

他的思维也在转变，作为互联网安全公司，他觉得未来 360 手机并不是一定要干掉谁，他也在做手机的过程中多次告诉员工，干掉谁不是他们的目的，他们要学习别人的长处，让自己变得更加优秀。

手机市场未来必定是多元化的，在现在这种市场格局下，不可能出现一家独大的垄断局面。周鸿祎认为这样是好的，尤其是对于用户来说，可以让消费者有更多样化的选择。

未来，创新必然也会成为手机市场的主旋律。谁能够重视创新，并且在产品创新上做得更好，谁就能够在未来的手机市场中争取到更多的话语权，这一点，周鸿祎是坚信的。

手机是一个更新换代非常快的智能产品，现在每年的智能手机出货量破亿部，尤其是年轻人，手机一般都换得非常快。在周鸿祎看来，这样的市场是大有可为的，他认为关键就在于做的手机要有创新，要将一些用户体验做到极致，这是未来智能手机竞争的核心。鉴于此，周鸿祎认为，在未来，只要有机会，他会将精力放在产品上，重视用户体验，这样的话，机会还是非常大的。

手机产品远远谈不到极致

智能手机已经到极致了吗？智能手机的极致在哪里？周鸿祎认为智能手机远远谈不到极致，他更倾向于将现在的智能手机的创新定义为商业模式上的创新，通俗一点，也就是性价比上的创新。从一个产品经理的角度，他做出了这样的判断，有着自己独到的见解。

周鸿祎和 360 一直关注智能硬件，并且也在智能硬件领域做了一些产品，作为未来更广泛地参与到智能硬件领域的技术探索。在他的设想中，未来他必定还会做手机，他未来做的手机必然也会比现在的手机更好。他做更好的手机的构想不在于未来在手机市场中占据多大的份额,作为一个致力于产品体验的人,他更希望得到用户的认可,用户认为他做了一个有意义的事情,并且能够带来一定的价值和回报,这比赚钱更让他心动。从这里也可以看出,周鸿祎骨子里还是流淌着产品的血液,他对于做产品的执念不曾有丝毫的改变。

手机安全可以做得更好

互联网安全是周鸿祎的老本行。随着移动互联网的发展,他也开始关注无线互联网的安全,他认为 360 的使命不仅仅是保护电脑安全,在移动支付和无线互联网发展的当下,保障手机安全也是 360 的使命。

针对当下的一些手机厂商做的一些相关的安全软件,他认为是对 360 的一种模仿,在功能上并没有达到与 360 安全软件同等的水平。在这种情况下,用户要想再安装 360 安全软件就变得困难,毕竟,一部手机同时安装两套安全软件,这听起来就是不太靠谱的事情。即便是可以同时运行,也可能造成 360 手机安全软件权限受到一定的限制,因而也就难以完全发挥出应有的软件功能。鉴于此,他未来做智能手机的念头并没有因为这次做智能手机的铩羽而归而彻底放弃,未来手机安全技术研发必然会更加深入,甚至还会对操作系统方面进行涉足,根本的宗旨在于做更好更安全的手机软件,做更完善的用户体验。

失败,对周鸿祎来说,并不是第一次,也不会是最后一次。他对于这次的失败并没有太过在意,过去了就是过去了。也许在未来,很快 360 的手机就会在市场上重新出现,以一种别样的面貌,给我们带来惊喜。

周鸿祎抬头望天,看到的是未来的希望,未来的路在何方?也许,早已在他的心中有了答案,他等待的只是一个更加合适的机会罢了。

第六章

小 3 大战的书写者

周鸿祎看到这种做法后，自然非常不认同，通过微博开始发表自己的观点，尤其是"把推荐好产品的 360 下架，到底居心何在"这篇博文，更是直接引发了他和雷军之间你来我往的口水大战，小 3 大战升级。

第一节　性格迥异，成长相似的骄傲人

2016 年新年伊始，互联网上一派热闹景象，小米与 360 不期而遇，大战一触即发。周鸿祎和雷军，两个互联网中的大佬，一个被称为"战争之王"，一个被称为"IT 劳模"，曾经的好友反目，这样的桥段让网友们在围观的同时也忍不住慨叹——互联网江湖，水很深。

两个大佬的成长轨迹

雷军是湖北仙桃人，喜欢下围棋的他头脑睿智，在中学时就表现出在围棋方面的过人之处。1994 年，25 岁的雷军已经成了金山公司的总经理，成了当时互联网中显赫一时的大佬。即便是当时的马化腾和丁磊，也都对他非常尊敬，都与他有着很好的私交。

虽然当时的雷军已经可以算得上成功，但他仍然没有放松片刻，每天十几个小时都泡在工作中，也因此得了一个"IT 界劳模"的美称。

在金山的 16 年，让雷军从一个热血青年变为一个江湖大佬，但他深知金山不是他的归宿，于是离开了金山。雷军性格谨慎，做事理性，总是考虑周全再做决策，这样的性格让他很少冒进，这一点和周鸿祎截然相反。

2010 年，他创立小米公司，以一个创业者的身份重新回到互联网江湖。江湖的传说犹在，此时的传奇却悄然变身。他非常尊崇"在对的时间做正确的事"，于是就有了那句流传甚广的名言，"站在风口，猪都会飞"。

雷军的父母是公务员，而且他也算得上是一个文艺青年，喜欢赋诗，尤其是李煜的诗，更是他的最爱，李煜的诗词他倒背如流，这么说并不为过。周鸿祎则不同，周鸿祎是工人家庭的孩子，而且他喜欢兵法，热衷军事和研究战争。

周鸿祎的父母也是湖北人，但是他出生在河南。和雷军的"三好学生"形象完全不同，周鸿祎经常打架，热衷为别人出头，因此也吃了不少苦头。不但没有得到别人的认可，反而在他被打的时候，同学还在围观。后来他创业后，不管是 3721，还是后来的 360，仍然到处"战斗"，整个互联网界，看不到他的人影，却听得到他的"斗争史"。

现在，打靶仍然是周鸿祎经常干的事情，有自己专门的真人 CS 场地，喜欢看《拯救大兵瑞恩》《亮剑》和《兄弟连》等战争题材的影视剧。

性格迥异却成长相似

雷军生于 1969 年，周鸿祎比他小一岁，他们祖籍都是湖北，他们的妻子也都在方正集团工作。

1995 年，西安交通大学研究生毕业后，周鸿祎到了方正公司，成了一位工程师，也就是后来被他们自嘲的程序员。而当时的雷军早在一年前就成了金山公司的总经理。两个人当时的经历和差别很大，周鸿祎对雷军也是非常的仰慕。

为了认识雷军，周鸿祎找到了一个朋友，组织了一个饭局，两个人一见如故。之后，雷军就经常去找周鸿祎以及其他的朋友，他们私交甚厚，还经常相约去北京大学看电影，滑冰场上也能够看到他们的身影。后来，随着周鸿祎离开方正自己创业，雷军也更进一步，成为金山总裁。此后，周鸿祎四处战斗，雷军也没有闲着，和微软激烈竞争，两个人之间的私下见面变得少之又少。

对于两个人曾经的关系以及后来的逐渐远离，可能也和他们之间工作上的压力过大、事情繁多有一定的关系。但是，性格迥异的两个人，都是白手起家，尤其是后来都逐步成为互联网中举足轻重的人物之后，性格的冲突就变得更为明显。

周鸿祎认为雷军表现出了"骄傲和难以接近的一面"。比如，他好多次找到雷军，对于自己的想法，雷军都没有给他好脸色，而是当头一盆冷水；对于周鸿祎的软件，他甚至用了"马桶上绣花，没啥意思"的评价。周鸿祎性格好斗要强，对于"热脸贴别人冷屁股"的事情自然让他心生不快。

于是，两个关系很好的朋友渐行渐远。

成功者的傲慢

两个人都算是成功者，因此，在交往中必然会坚持自己的个性，坚持自己的观点，不太会去迁就对方。性格的冲突和碰撞，让两个人的内心都有了微妙的变化。随着新的职位和身份的出现，两个人都忙于工作，再也没有曾经那种闲云野鹤、好友欢聚的心情。本质上，这其实也是成功者自己都难以觉察的傲慢因子在发挥作用。

他们曾经是好友，性格迥异能成为好友本身就让人觉得有点意思，而后来的渐行渐远更让人们觉得他们的私交颇有点传奇意味。

第二节　祸起何方，到底是谁惹的祸

雷军与周鸿祎，俩人曾经是好友，关系密切。后来，繁忙的俩人联系变得越来越少，渐行渐远。如果仅仅是联系变少还不是什么大问题，但后来，随着两个人在业务方面的竞争关系出现，两个人之间的摩擦不断。

雷军与周鸿祎的摩擦

周鸿祎创立 360 之后，重心转移到杀毒方面。而此时的雷军正在金山软件任职，并且凭借游戏概念在香港上市，上市之后，雷军很快就辞去了金山总裁的职位，淡出了金山；他也成了天使投资人，并且和当时的周鸿祎共同投资过一家游戏语音公司。

随着 360 和金山在业务方面的竞争越来越激烈，周鸿祎和雷军之间也逐渐有了小的摩擦。2010 年之后，两个人的关系越来越差。

随着金山卫士在 3 月份推向市场，360 安全卫士有了一个劲敌，在安全领域展开了激烈的竞争。

金山卫士主动出击，周鸿祎也不是吃素的，怎么可能坐以待毙。此前，他已经在互联网中掀起了多轮大战，面对金山卫士的挑战，360 安全卫士正面回击，在 5 月 21 日，主动发布公告，声称 360 安全卫士与金山网盾"不兼容"，打响了反击的第一枪。

周鸿祎怎么可能浅尝辄止，他在继续积蓄力量，谋求更大的反击。于是，短短的 4 天时间，周鸿祎以微博作为平台，连发 42 条微博揭露与金山的恩怨，引发了网络上的广泛关注。这个时候，双方的争斗彻底展开。

仅过了几天，金山公司也进行了回击，对周鸿祎进行了起诉，认为他的微博对金山公司的形象造成了损害，要求周鸿祎公开道歉，并且提起了 1200 万的经济赔偿。这一诉讼当时火遍网络，被形象地称为"微博第一案"。

重新回来的雷军

面对周鸿祎和 360 咄咄逼人的气势，7 月份雷军重新回归。经过几个月的酝酿，在 11 月份，金山发布公告，毒霸全面免费，在此基础上，还和可牛杀毒战略合作，整合资源。在完成资源整合之后，在 12 月 31 日，金山通过发布会进行了新的反击，直指 360 窃取用户隐私。

周鸿祎和 360 自然不会坐以待毙，指责金山造谣，双方的矛盾进一步激化，曾经的好朋友，现在却摩擦不断，两个人出手也都是稳准狠，直打对方要害。

其实，2010 年周鸿祎最为忙碌，他不仅要和雷军交手，还与马化腾掀起了 3Q 大战，并对傅盛及可牛进行"追杀"。可以说是四处对敌，战况激烈。

敌人的敌人就是朋友，这句话放到任何时候都是真理。周鸿祎的战斗热情让金山、腾讯、可牛这些对手成了伙伴。面对强敌环伺，周鸿祎并不畏惧，但是他觉得雷军在 3Q 大战中对马化腾煽风点火，这让他非常气愤。

转眼到了第二年，也就是 2011 年，腾讯战略入股金山软件，雷军也重新成为金山软件董事长。至此，两人的摩擦扩大化，彻底交恶。

雷军的战略布局

此时，小米手机不断发展，雷军战略布局，周鸿祎的敌人合作进展迅速，可牛已经被金山战略整合，腾讯也成为金山的战略股东，这个合作过程中，从一定意义上来说，周鸿祎起到了一种推动的作用。这些周鸿祎的对手们自然会抱团迎战，毕竟，他们都对周鸿祎不按常理出牌的套路难以捉摸，有了伙伴，自然就更有底气。毕竟，他们其中的任何一个，如果单独与周鸿祎掰手腕，都没有必胜的把握，尤其是在看到周鸿祎把马化腾弄得焦头烂额的时候，这样的巨无霸都有些难以招架，他们就更加坚定了合作的模式。

这个时候，周鸿祎虽然四面出击，但是气势不减，整体上看势均力敌，周鸿祎赢在了气势上，也得到了很多网友的支持。在这种情况下，雷军需要联合更多的周鸿祎的对手，为未来的新的战斗做好准备。因为他们不知道周鸿祎会在什么时候突然发力，然后将他们打得措手不及，尤其是与 360 有着直接竞争关系的金山，雷军自然不能放松警惕，在周鸿祎偃旗息鼓的时候，抓紧布局，提前准备，才能够及时应对，而不至于到时候措手不及，失去先机。

随着 360 特供机的出现，两个人的恩怨继续上演。在这个过程中，口水不断，到底是谁惹的祸，应该就是手机惹的祸吧。

第三节　战局激烈，你来我往的口水战

雷军离开金山之后，创立了小米，他和别人不一样，商业模式也是创新的，他借用互联网做智能手机，开创了前人所没有的"互联网＋智能手机"的商业模式。在当时，作为这一商业模式的开创者，小米自然是受益匪浅，短时间内获得了快速发展。

雷军的独特逻辑

在小米不断发展的过程中，这一商业模式获得的巨大成功也引发了其他互联网巨头的广泛关注。在经过研究之后，他们觉得这样的商业模式是可以复制的，而且并不需要特别大的投入，尤其是对于那些互联网巨头企业来说，它们通过这种模式进入智能手机领域有着天然的优势。于是，诸如阿里巴巴、百度、腾讯、盛大和网易等纷纷表达了对于智能手机的兴趣，也都或多或少地有了进入手机市场的打算。

面对互联网巨头的表态，雷军稳坐中军帐，并没有太多的担心。在他的眼中，即便是他开创的这一成功的商业模式可以复制，但是作为先行者，小米已经获得了快速发展，占据了稳定的市场份额，即便是他们同样模仿和复制这一商业模式，也很难获得像小米一样的成功。因此，对于这方面的消息，他并没有过多担心，只是稍微关注一下罢了，继续做自己该做的事情。太阳东升西落，生活照常不变，这就是雷军面对互联网巨头做智能手机的态度。

雷军的观点符合他谨慎的性格，这必然也是他通过对市场的考察和判断之后做出的理性的判断。在一个相对成熟的市场中，商业模式的创新很难，他做了这样的工作，也因此得到了巨大的回报。对于市场上的后来者来说，要想走同样的道路，成功的可能性微乎其微。这就像第三方支付领域中的支付宝，在支付宝发展起来之后，类似模式的第三方支付几乎没有可能再发展起来，再做到能够与支付宝势均力敌的规模。

周鸿祎的杀伤力

对于中国互联网中举足轻重的巨头做智能手机的消息，雷军没有在任何的公开场合做出过明确的表态，提出过自己的看法。然而，周鸿祎准备做智能手机的消息一经公布，雷军立马就坐不住了。

之所以如此，和雷军对周鸿祎的了解有直接的关系。在雷军的眼中，别人的脉他这个"老中医"把得非常清楚，心里有底，但是对周鸿祎，即便是他这个"老中医"也摸不透他的"脉相"。毕竟，曾经好友的性格他非常了解，看到他在互联网中的四处斗争，简直战斗力爆表，鲜有能够招架得住的。加上此前360与金山的大战，雷军对这个对手有些摸不透，对于他出招的杀伤力没有把握。

这就是周鸿祎的杀伤力，就好像是江湖中的邪派，出手狠辣，招数奇葩，但是却可能招招要人命。这样的对手要来他的一亩三分地转转，即便是对手和颜悦色，他也内心紧张。更何况，这一次周鸿祎不是来他的地盘喝茶的，而是来拿他的市场份额的。如果换作是别人，面对这样的对手可能直接从椅子上蹦起来了，他还坐得住，已经算道行很深了。

抹黑闹剧引发的口水战

360 特供机上市后，销量惨淡，这让周鸿祎有些失望。这个时候，抹黑闹剧的上演让周鸿祎的心情更是跌入了低谷。

2012 年 6 月 29 日，一系列的火灾现场的图片在网上快速传播，其中被炸伤的婴儿图片更是让人触目惊心。一些文章的标题被冠以"360 手机爆炸"等字样，在网上疯狂传播。周鸿祎自然非常关注这个事件，这对于原本就惨淡的 360 特供机来说，无异于是火上浇油。

经过调查，最终周鸿祎认定这是"米粉"所为。在他的意识中，这定然是有人在背后撑腰，是有人授意的专门针对 360 手机的抹黑行为。于是，暴脾气的周鸿祎怒了，通过微博进行转发，并且对小米这种行为进行谴责。

雷军自然也不会坐视不理，做出了及时的否认。在周鸿祎看来，雷军这是敢做不敢为的行为，即便是雷军已经否认，他依然继续挑战，并且在微博上对雷军发出了邀约，约雷军在朝阳公园面谈。雷军自然是明确拒绝，并且以"他有什么本事约谈我？把自己看得太大了"作为回应。

双方的口水战你来我往，积怨已久的两个人互不相让。

第四节　马雷联盟，一对二的叫板

就在周鸿祎和雷军激烈交锋，双方你来我往，口水战打得不亦乐乎的时候。作为围观群众的马化腾坐不住了，加入了进来，形成了"马雷联盟"。至此，原先的周雷二人转，变成了一对二的格局。

"围观群众"马化腾

当周鸿祎和雷军二人打得火热的时候，围观群众看得也是不亦乐乎，这一事件也成了网络的热门话题。而在这些围观的群众中，既有普通的网友，也有互联网的大佬，马化腾便是其中的一个。

马化腾和别人不同，对于周鸿祎也有着不同的评价和感受。之前，他已经领教过周鸿祎的厉害了，那场旷日持久、震惊网络的 3Q 大战刚刚结束，硝烟犹在，而此时的周鸿祎，却顾不上休整，立马开始了新的战斗。在他看来，周鸿祎还真是一个搅局者，一个天生的战斗者。

　　然而，对于周鸿祎，马化腾却有着内心深处的不屑，认为他完全是在胡搞，不按套路出牌。即便是腾讯，也在周鸿祎的攻势之下有所忌惮，在个别时候显得有点无法招架。周鸿祎给腾讯带来了很大的麻烦，最终马化腾费了好大的劲儿才将这个麻烦解除。各种的感触，只有他自己心里明白。

　　此时的腾讯，战略入股金山，成了金山的战略合作者。站在马化腾的角度，雷军此时是他的合作伙伴，看到身为合作伙伴的雷军孤身和周鸿祎轮番口水战，马化腾看的不是热闹。这样似曾相识的情景让他又想到了那场让他依然心有余悸却又愤怒不已的 3Q 大战。

马化腾的"演员"调侃

　　在两人斗得难分难解，双方的口水战很是激烈的时候。雷军通过微博发布了一篇长文："既然某人想做手机就好好做：一、不靠骂人吵架做市场推广，不靠诋毁抹黑上位；二、不靠抄袭剽窃模式跟进做产品；三、不靠控制安全入口强推软件窃取用户信息；四、放下 AK47，不要沉醉于东方不败的幻觉中。做一个正常商人，用产品说话。如果产品真的过硬，就不用天天靠嘴巴到处骂人活着了！"

　　在这篇长文中，"某人"自然指的就是周鸿祎，任何一个网友一眼就能够看出来。在长文中，雷军对周鸿祎提出了尖锐的批评，字里行间都能够看到其对与周鸿祎吵架的反感。

　　在雷军看来，靠骂人吵架做市场推广这是周鸿祎的强项，他从创业开始，每一次的骂人吵架都能够得到一定的市场推广方面的回报。此外，他还对周鸿祎借助 360 的平台资源，同时控制安全入口进行软件的强制推广进行了抨击，而且直指 360 存在着窃取用户信息的行为。

　　雷军的这一篇长文，反击得很有针对性，是对周鸿祎的做法和微博言论的一个很好的回击。

此时的马化腾再也不甘心只做一名普通的围观群众了，他要做一个有格调的围观群众。于是，他在第一时间转发了雷军的微博，并且声称："唉！其实他是个演员。剧情、套路、表情每次都差不多。雷总看透了就陪他练到底吧。我想我可能会吸引水军被喷了。"

马化腾用"演员"来调侃周鸿祎，并且对于他一贯的战斗套路非常清楚。即便是非常清楚，但是在直接的交锋中也让他疲于应对。通过这样的调侃，马化腾既出了一口气，又对自己的合作伙伴进行了支持。虽然他也知道这可能引来水军的怒喷，但是他还是这么做了。

周鸿祎的态度

不是乖张人，岂做乖张事。周鸿祎对于马化腾的调侃和加入并没有特别在意，他以一个胜利者的姿态看待马化腾。毕竟，此前的大战在网上掀起了轩然大波，给用户造成了很大的困扰，舆论影响也非常大，即便最后是因为相关部门的介入才偃旗息鼓，暂时握手言和。但是，在周鸿祎的眼中，如果不是相关部门的介入，马化腾和腾讯是很难收场的，他是那个胜利者。

面对马雷联盟，周鸿祎依然淡然处之，根本没有因为马化腾的加入而有所忌惮，没有改变任何的思路，继续该干啥干啥。从这一点来看，周鸿祎看透了马化腾的套路，他是想通过这样的调侃来给雷军打气加油，而不是真的想加入战局，再来一次真刀真枪的较量。既然不是真的参战，那他就没有必要在乎，即便是真的参战，他也不会有所收敛，不会感到更多的压力。因而，马化腾的唬人策略在周鸿祎面前并没有起到多少的实际效果。

第五节 结果如何，任由众人评说

红极一时的小 3 大战只能告一段落，至于大战的结果如何，每一个人的心中也都有着自己不同的答案。

争论不休的结果

在网上，不但没有因为暂时的停战而让这一话题热度降低，反而在一段时间内对于大战结果的争论甚嚣其上。有的网友认为周鸿祎是胜利者，他获得了更多的关注，赢得了一些支持，也实现了一定的营销目的。有的网友则认为雷军是胜利者，毕竟，雷军通过大战缓解了 MIUI 面临的威胁，解除了一些麻烦，并且获得了更多网友的支持。还有的网友则认为实际是双赢，两人的大战暂时停止，360 和小米也都因此受益，从这个角度来说，双赢的结果是两个人都乐于看到的。

其实，网友对于小3大战结果的争论恰恰说明了网络事件本身具备的双重属性，你很难完全去界定胜利者和失败者。毕竟，双方都是从各自的角度出发，对同一个问题有不同的看法也实属正常，因此，结果也就成为"公说公有理，婆说婆有理"。

对周鸿祎和 360 的影响

在与雷军口水战的过程中，周鸿祎凭借着他多年来积累的粉丝群体和在网络上的影响力，嘴仗方面是绝对不吃亏的。这一点是可以肯定的，毕竟，如果说雷军是口水战的新人的话，那周鸿祎可以算得上这个领域的老司机了。新人对战老司机，自然处于下风，这并不稀奇。

然而，赢了嘴仗，过了瘾，周鸿祎却高兴不起来。因为，他的身后还有一摊子事情在等着他处理。360 特供机销售惨淡，原本希望能够通过这次大战提升销量，缓解一下惨淡的现状，但是，事不遂人愿，他输掉了 360 特供机的一个重要合作伙伴，那就是华为。随着华为这个好机友的退出，他找到了其他的手机厂商，但是不管是阿尔卡特、夏新，还是海尔，虽然暂时进行了合作，但很快也因为各种原因而放弃了。

受此影响，周鸿祎第一次在手机市场的试水无疾而终，他与雷军在手机市场上的首次较量也惨淡收场。正像雷军在微博上说的那样，周鸿祎也不得不面对 360 特供机的现状，收起了"AK47"。

然而，这并没有让周鸿祎放弃做手机的想法，对于不服输的他来说，做手机仍然是一个坚定的战略。于是他总结经验，终于在后来卷土重来时没有再重蹈覆辙。从这个层面来看，周鸿祎还是有收获的。

对雷军和小米的影响

对雷军来说，虽然过程有些曲折，但是收获还是挺大的。从一开始与周鸿祎摩擦时他就奋起反击，从而确保了 MIUI 的安全，为小米全产品链的安全提供了保护。也因为他的对战，并没有让最坏的结果出现，虽然付出了一定的代价，但是并不是不能接受的结果。

通过小 3 大战，让了解和支持雷军以及小米的网友和米粉更坚决地支持他和小米，从这个点上来看，雷军的收获还是有的。毕竟，用户是小米的基础，有了用户的支持，尤其是忠实用户的支持，不断地提升了用户的忠诚度。在雷军看来，用户在，未来就在，这一点，他坚信无疑。

雷军了解周鸿祎，他深知周鸿祎不会就此罢休。面对庞大的智能手机市场，以及未来的无限发展空间，周鸿祎必定会再次涉足手机市场。这样做，既能够一雪前耻，摆脱自己第一次试水手机市场的惨淡和尴尬，又可以获得未来发展的新的方向和空间。因此，雷军时刻关注着周鸿祎，等着他再次到来的时候能够更好地应对挑战，毕竟，这一次的直接交锋也让雷军对周鸿祎的套路有了更多的切身感受。以前，作为一个旁观者，他获得了一些感性的认识，现在，作为对手，他的认识更加深刻，未来的应对也会更加有效。

其实，每一个参与其中的人，都能够有所启发、有所感悟。虽然小 3 大战暂时告一段落，但随着互联网的不断发展，会有新的热点事件吸引大家的关注。只有当未来周鸿祎和雷军再度正面交锋的时候，小 3 大战会重新被人们提起，也许那个时候，人们对于结果的评价会有所不同。这个问题，交给时间是最好的安排。

第六节　告一段落，一场没有结束的战斗

小 3 大战暂时告一段落，然而，了解两个人的网友都明白，这只是暂时的停战，是一场没有结束的战斗。果不其然，周鸿祎和雷军并没有让围观群众等太久，好戏继续上演。2016 年的第一周，小米与 360 就又为网民奉献了一场大戏。到底两者的大战起因何在，能让曾经的好友公开开撕。至于祸起何方，那自然都是手机惹的祸。

躺着也中枪的周鸿祎

2016 年 1 月 8 日晚间，小米官方发布了一则公告，小米应用商店全线下架 360 软件。此公告一出，全网哗然。此时的周鸿祎和 360 也非常愤怒，周鸿祎表示他这是"躺着也中枪"。

究其原因，始作俑者应该就是"雷电 OS"。这是一款和 360 合作的软件，

在和 360 合作之后，360 负责推广。"雷电 OS"当时并不知名，和 360 合作也是看中了 360 的渠道和推广的优势，希望能够借势崛起，获得好的发展。这是可以理解的，但是问题的关键在于，"雷电 OS"给自己贴了一个标签，"比 MIUI 更适合小米手机的雷电 OS"，打着这样的旗号，直接将炮口对准了小米，目标直指小米的 MIUI。

从这个角度来看，周鸿祎觉得无辜也是可以理解的。毕竟，这并不是他的产品，以这样带有挑衅性的口号宣战小米，并且是在小米腹背受敌、危机频发的情况下，雷军自然也就不能坐视不管。

打了雷军的"七寸"

"雷电 OS"目标明确地指向小米后，雷军心中的愤怒可想而知，毕竟，小米的起家有着比较明确的模式，那就是"互联网＋手机"模式。这一模式成为小米起家并且迅速发展的核心。随着小米的不断发展，按照雷军的战略布局，在这个过程中，MIUI 作为一个核心节点，承担的是小米整个产品链的支撑。因此，MIUI 对于小米的重要性不言而喻。

这个时候，"雷电 OS"粉墨登场，选择了小米有点风雨飘摇、挑战多多的时机下手，颇有点"趁你病，要你命"的意味。在雷军看来，如果"雷电 OS"借助 360 的强大平台和用户，可能很快就会将互联网入口占领，截流小米的流量和用户，这对于小米的整个产品链的打击是巨大的，甚至存在着让小米轰然倒下的可能性。

俗话说得好，"打蛇打七寸"。"雷电 OS"的这一做法无疑是打了雷军的"七寸"。在他看来，你可以竞争，也可以获得一定的市场，但是上来就瞅准要害，往腰眼上捅刀子，即便是性格温和的雷军也坐不住了，用"暴跳如雷"来形容都不为过。

此时的雷军和小米，公司模式早就被看透了，以华为为首的一些手机厂商开始以同样的模式运作，给小米带来了极大的压力，小米的优势转瞬之间就有荡然无存的风险，很多业务发展不如预期，市场份额也出现了一定的下降。

雷军的强势回应

在雷军看来，"雷电 OS"作为 360 的合作者，这样的做法虽然可能不是周鸿祎授意的，但是至少周鸿祎应该知道，默认其实就是一种变相的认可。雷军与周鸿祎曾经是好友，他感觉好友背后捅刀子，加上被其他手机厂商围攻，心中一口恶气一直没有出来，这更让他"怒从心中起"，必须以雷霆之势进行反击，决不能让小米再面临更多的敌人。

当时的雷军头疼不已，如果此时将所有的精力都放在反击 360 上，反而会给其他的对手以可乘之机，后果将不堪设想。于是，他采取了"曲线救国"的策略，想到了一个既能够进行反击，又不会让其他对手和 360 联合的策略，那就是将反击对准 360 软件。

这一招算是妙棋。既然 360 推荐了"雷电 OS"，那么他就以这个作为理由，宣布将 360 所有软件全部下架。虽然自身也会付出不小的代价，但是当时的雷军没有别的选择，这已经是最好的策略了，即便可能招致别人对于其这一举动的质疑，他当时也已经顾不上了。这是一招"伤敌一千，自损八百"的招数，但是却能够起到很好的作用，最起码能够保障小米 MIUI 互联网入口的安全，确保小米的流量。在公告发布之后，小米应用商店就再也看不到 360 相关产品的影子了。

周鸿祎看到这种做法后，自然非常不认同，通过微博开始发表自己的观点，尤其是"把推荐好产品的 360 下架，到底居心何在"这篇博文，更是直接引发了他和雷军之间你来我往的口水大战，小 3 大战升级。

第七章

再入手机江湖的执念者

360 特供机让周鸿祎感受到了手机市场的残酷，他的想法也开始从云端落地，经历过一次失败，他蛰伏待机，意图卷土重来。对于一个对智能硬件有着执念的大佬来说，一次失败并不可怕，智能手机在智能硬件中属于佼佼者，在 360 战略布局人工智能的大前提下，智能手机必然是老周难以释怀的，也是他"在哪里跌倒就在哪里站起来"的一种执念。

第一节 对话王建宙，运营商的命运走向

"我写了一本书：《我的互联网方法论》，给很多传统企业家答疑解惑，到底为什么互联网能够颠覆很多传统企业。它改变了你和用户之间的关系，体验变得特别重要，它改变了商业模式，很多一次性的买卖关系不复存在。"这是在以主题为"世界将如何连接"的对话中，周鸿祎和前中国移动董事长王建宙的一段对话。言简意赅，却道出了现在的运营商的命运走向。

高度连接的世界

现在，随着智能移动终端设备，尤其是智能手机的普及，全世界的智能手机超过 70 亿部，中国的智能手机超过 13 亿部。随着物联网的出现以及不断在生活中的渗透，各个行业与产业的融合也在加速，整个世界正变成一个

高度连接的世界，成为一个无线互联的新的生态系统。

周鸿祎说："我写了一本书：《我的互联网方法论》，给很多传统企业家答疑解惑，到底为什么互联网能够颠覆很多传统企业。它改变了你和用户之间的关系，体验变得特别重要，它改变了商业模式，很多一次性的买卖关系不复存在。"

对于周鸿祎的这一观点，王建宙也表示赞同，这是移动互联技术和物联网带来的全新的变化，是一个历史发展的潮流。顺应潮流，运营商顺时而动才可能有所作为。面对互联网公司的产品和技术的冲击，虽是巨大挑战，但机遇也是难得的好。

产品与用户关系

随着高度连接的世界的形成，产品与消费者的关系出现了根本性的变化。针对这一全新的变化，周鸿祎举了微信的例子。

微信出现之前，运营商的短信业务是一大主营业务，每年收入可能以百亿计，甚至更多。但是，微信出现之后，完全颠覆了运营商的这一业务，直接将这一业务打掉。但是，周鸿祎觉得最大的冲击不在于运营商失去了短信这一主营业务，而是微信将用户占据了，将原本短信业务的用户据为己有，用户与运营商的距离越来越远，与运营商的关联性越来越小，他认为这才是对运营商最大的冲击。

借助这一关系，他很好地解释了当下的互联网企业颠覆传统企业的模式。从本质上来看，互联网企业推出新的产品，直接拉近了与用户的关系，一个颠覆性的产品，足以动摇看似难以撼动的巨无霸企业，这在以前的时代是根本不可想象的，但是现在却在上演，而且不是一个特例，以后将会越来越多地出现。

互联网公司为什么有价值？对这个问题，周鸿祎也提出了自己的观点。

他认为其实单纯从收入这个角度来看，其价值与收入是难以和运营商相比的，根本不成比例。他觉得关键在于互联网公司是面向未来的，它的价值在未来，而不在当下。

连接的世界，为互联网公司的价值提供了无限的可能。互联网公司拥有了用户，这些直接的用户就是潜在的价值，是可以转化为未来价值的，谁的用户多，谁的价值就大，这一点是毋庸置疑的。

他认为现在的运营商更多的是重视管道，在做一些很基础的工作，而这些互联网公司则不然，他们绕过这一层级，直接去收割用户，获得了用户，他们就获得了未来。一旦这些互联网公司足够强大，等到有一天他们转过来做这些基础性的工作，比如铺设光缆、发射通信卫星、建立自己的数据网络，这些工作一旦实现，运营商现在的地位也将很难保证，因为运营商现在并没有直接抓取用户，他们与用户的关系显然是比较松散的，这一点在未来是比较危险的。

海量用户是未来发展的基石

不管是哪个公司，在互联网时代，用户至上都是毋庸置疑的。只要获得了海量的用户，就能够奠定生存和发展的基石。如果失去了用户，抓不住用户，未来的生存都是大问题。周鸿祎认为运营商的未来在于用户，在这一点上，运营商做得并不够好。

他以自己作为例子，在360一开始宣布免费的时候，并不是因为他能够看到未来5年甚至是10年的社会发展，而是公司小，没有办法，通过免费的方式去抓取用户。他认为只要用户达到亿这个级别，再做产品就变得比较容易，这是他最初免费的思维，体现的是用户至上、用户为王的互联网发展思维。

有了海量的用户就可能产生新的商业模式。商业模式创新并不是凭空想象的，而是不断探索和摸索出来的。比如腾讯，它的用户是海量的，周洪宇打趣说道，即便是插根扁担都能开花，为什么类似的产品别人干不过腾讯，它的海量用户摆在那里，这个是最根本的。

第二节 N4 出世，期待责任何其多

"我们没有能力成为覆盖手机全产业链的公司，只能寻求单点突破，找一个有优势的地方，把它做到极致。"这是周鸿祎对他的公司哲学的一个解读。在第一次试水手机市场的时候，360 特供机铩羽而归，周鸿祎对于未来 360 手机之路如何安排，只有他自己知道。随着 N4 的出世，360 周鸿祎又回来了。这一次是重蹈覆辙，还是吸取教训、一雪前耻，关键看 N4。

周鸿祎期待的 N4

N4 承载着周鸿祎很大的期待。如果说 360 特供机是一次试水之举的话，N4 则是他重整旗鼓，再次进军手机市场的关键之战。这一战，关系重大，成功则未来一片坦途，无可限量；失败则是灾难性的，可能会给 360 智能硬件的未来战略带来深远影响。

犹如一个冲锋的战士，第一次半途而废，还可以说是准备不足，了解不够。但如果第二次冲锋还不能占领高地，则难以向自己交代。这是一个关乎成败的问题，更是一个关乎大佬颜面的问题，因此，对周鸿祎来说，这一次只许成功，不能失败。

N4 既是手机又不仅仅是手机

N4 就静静地躺在那里，可是在周鸿祎的眼中，他一眼望去，却满眼都是 360 特供机的影子。他的内心深处可能还会想起曾经的手机市场对他的残酷打脸，可能还会唏嘘不已。现在，他携手 N4 以雷霆万钧之势卷土重来，为的不仅仅是真正进入手机市场，成为别人眼中的一个对手，更重要的是，他要摆脱 360 特供机失败的颓势。

在周鸿祎看来，N4 既是手机，却又不仅仅是手机。如果说当时的 360 特供机秉持的是"不做手机，不在手机上赚钱，不在手机上分成"的原则，做的是低端机，那么，这次的 N4 绝对是"高端大气上档次，低调奢华有内涵"的中高端产品。N4 不是 360 特供机的 2.0 版本，而是全新的技术创新的新产品，是周鸿祎寄予厚望的拳头产品，是他重新敲开手机市场大门的一记重拳。

第一次的试水，他更多的是关注软件服务，将 360 软件服务植入手机，虽然当时的"流量换销量"成为空话，但是他的设想还是非常值得肯定的，是一次大胆的创新探索，虽然没有成功，却也值得肯定。

N4 带来的底气

相比于 360 特供机，N4 真正实现了周鸿祎的设想，那就是产品、服务和价格的完美融合。简单地说，周鸿祎一直希望能够做出一款接近完美的智能手机产品，他对于智能手机产品的期望是得到用户肯定的有价值的产品，是全面而高效的 360 软件服务，是远低于同品质产品的低价格。

N4 出世，集三者于一身，完美地诠释了周鸿祎对于智能手机产品的诉求，这也给了周鸿祎底气，给了他成功的希望。在刚刚拿到产品的时候，高端的配置、优质的硬件，再加上他引以为傲的 360 的软件服务，辅之以横扫同档次产品的价格，让他心跳加速，内心激动不已。在没有发布的时候，他就预感到这款产品必然会震动市场，必然会受到极大的欢迎。

这样的底气并不是凭空而来的，而是基于他对于当时的手机市场中同档次手机产品全面了解的基础之上的。有了第一次的教训，他在蛰伏待机，研发 N4 的过程中，沉下心来去了解手机市场，明白同档次的产品是怎样的价格。在软硬件都不输对手，甚至是优于对手的情况下，他制定了一个让人比较震惊的低价格。这样一来，同档次的产品根本没有招架之力。

这就是 N4 给他的底气。正是因为底气十足，信心满满，在 N4 还没有面世的时候，他就忍不住在微博上发布了 360 即将推出新产品的消息，这一消息一经发布，就让广大网友纷纷猜测可能是传说中的 N4 手机。这也给在发布之前的 N4，做了一波很好的预热。

第三节　初露锋芒，N4 战绩初告捷

"360 手机 N4 之所以能在竞争激烈的千元机市场上迅速破局，得益于对市场的精准定位，相信接下来的 Q 系列会再创销量新高。"这是在首战告捷的庆功会上，周鸿祎对于 360 手机未来的一种期望。N4 的首战告捷让他更有信心，坚信未来的 360 手机之路会更加顺畅。

盛大的 N4 发布会

经过 2015 年的探索，积累了一些全新的经验。对于寄予厚望的 N4 的推出，周鸿祎自然是非常重视，在他看来，这就像是自己的孩子，一眼望去，眼中充满着期待，甚至都有一些慈父的目光在满满溢出。因此，在 N4 上市的时候，他必然要做一个盛大而隆重的发布会，以此来宣告自己的心头肉将要和大家见面。

2016 年 5 月 9 日，360 手机正式在北京举行畅快"N"次方新品发布会。和此前通过微博宣布有新产品来吊大家的胃口不同，这一次是早就通过媒体放风，发布会的主角自然也是毫无意外，那就是让很多 360 用户和消费者都比较好奇和关注的 360 手机 N4。

整场发布会简洁而明确，以产品本身为核心，N4 就是最大的主角。祝芳浩对于那种"演唱会""单口相声""遥控汽车发布会"等表达了自己的观点，甚至进行了类似炮轰的说辞，他认为这类以营销作为主体的发布会不会出现在 360，在这里，产品就是发布会主题，这是纯粹的，也是 360 的一贯坚持，凸显的是对产品的重视。

初战告捷的喜悦

N4 一经推出，即取得了非常好的市场反响，短短的 88 小时预约量就已经超过了 800 万台。这样的表现已经超过了此前 360 手机 f4 创造的预约记录，对于手机市场来说，这是一次更加彻底的风暴洗礼。对于千元机市场来说，对手们可能真的开始担心了，因为老周回来了，而且是挟雷霆万钧之势，大有枕戈待旦、攻城略地的雄心。

首发开卖不久，第一批 15 万部 N4 就很快售罄。看到这一成绩，周鸿祎自然是喜上眉梢，这次终于可以一扫曾经失败的阴霾，真正放肆地开心一把了。

如果说此前的 f4 是小试牛刀的话，N4 则是真正的大杀器。周鸿祎对于 N4 的期望也更大，这也是他未来继续布局手机市场，推动 360 手机市场战略的重要节点。从市场的反馈来看，这一次的表现无疑是让他非常满意的。

欢庆胜利的庆功会

在 N4 手机快速售罄之后，360 举行了庆功会，周鸿祎自然是不可或缺的主角，也是当之无愧的明星。

庆功会上，既有 360 手机员工，更有粉丝代表，大家齐聚一堂，为了一个共同的喜悦，那就是 N4 手机。在这里，周鸿祎自然是要发表他的内心感受，与大家谈谈他对于 N4 的看法的。

在他的眼中，N4 取得的成绩更多的应归功于团队的努力，对于团队在前一段时间的努力周鸿祎给予了充分的肯定。他还打趣地表示，他更多的是参与、遇见，而团队才是具体的执行者，他们才是 N4 高于预期表现的功臣。同时，对于粉丝的厚爱周鸿祎也表达了感谢，在他的心目中，用户至上，他们会在未来手机领域更加完善技术、创新发展，为粉丝带来更多更好的手机，他还代表 360 为粉丝送上了好的祝福。

直面当下，展望未来。周鸿祎并没有满足于现在的成绩，也没有被成绩冲昏头脑，360 手机早就制订了比较稳定而长远的战略规划。他在肯定成绩的同时，更是对未来进行了展望。在未来，周鸿祎表达了以手机作为万物互联的战略发展的思路，向公众传达了他在手机领域更加强大而又雄心勃勃的宏伟蓝图。相比于庆功会上的答谢，这是一个信号，更是一个冲锋号，是对未来 360 手机继续冲击手机市场，并且搅动手机市场现有格局的一次战略布局。号角已经吹响，悠远而铿锵，有力量、有斗志、有梦想、有震撼，在他的眼中，手机市场的烽烟在不远处袅袅升起，暂时的成绩已经成为过去，未来，他会用更加昂扬的斗志继续前行。

周鸿祎从来都是不走寻常路的，他本身就是一个颠覆者，就连庆祝取得成绩的方式也和别人大不一样。这一次，他选择了晒海报的形式来庆祝 N4 手机良好的市场表现。当然，海报也是独树一帜、别具一格的，用了一万块不同的魔方拼成了一个巨大的魔方墙，上面是销售数字。这样的方式新颖而独特，骨子里就透着周鸿祎式的逻辑。

第四节 打翻身仗，宣传推广功不可没

如果说360特供机是他遭遇的一次滑铁卢，那么，在f4小试牛刀之后，他心里就有底了，N4的良好表现让他彻底打了一次翻身仗。在千元手机市场中，N4成为破局利器，是他真正敲开手机市场的破城锤。

务实而精准的市场定位

在进行N4手机规划的时候，周鸿祎并没有好高骛远，而是非常务实。他通过对前一次失败经验的总结以及失败之后的蛰伏，对千元手机市场进行了全面的研究，对于N4手机的市场定位也做了大量的工作。

针对千元手机市场上的消费格局，他认为青年是消费的主力军，因此，他着力于打造一款符合青年消费者审美情趣，满足青年消费者对完美手机的所有诉求的智能手机。这一款智能手机必然要体现 360 特色，而且要有周鸿祎的烙印。

于是，对千元手机市场做了大量的调查，对消费者有了全面的了解后，以此为基础，再结合他始终坚持的完美手机的三要素：硬件、软件、价格，最终做了有针对性的市场定位。

吊打对手的千元机新标杆

N4 缘何能在竞争最为激烈的千元机市场中迅速破局？周鸿祎认为以下的几点最为关键：

首先就是粗暴而强大的硬件配置。相比于一般的千元机，在核心硬件方面，N4 的配置是最高的，可以说对于对手是一种吊打，很少有对手的硬件配置能够与其相匹敌。

其次就是细腻设计所带来的畅快体验。周鸿祎对于 N4 的设计非常重视，经过多次的修改才最终成型，由他拍板最终的设计方案才得以确定。创新性的细腻设计，加入了 360 本身的软件服务，使用户能够获得畅快愉悦的体验。

正是基于这两个方面的因素，N4 爆发力十足，树立了千元机新标杆的形象，更被誉为青年新旗舰，短时间内就得到了市场的热捧，火爆程度可见一斑。

精心设计的营销推广

周鸿祎始终坚持一个观点，那就是好的产品还要有好的营销。仅仅是质量过硬的产品还远远不够，要让消费者了解产品，进而使用产品、喜欢产品，营销是尤为重要的。鉴于此，N4 手机的营销可谓是煞费苦心。

既然是青年新旗舰手机，必然要和青年有更多的连接。在营销的过程中，突出了"魔方"这个元素，并且将其贯穿于 N4 营销推广的全过程。以此为基础，在营销中还提出了"畅快 N 次方"，作为对青年人的一种吸引。

魔方是年轻人比较熟悉的游戏元素，以此作为营销的内核，一下子就拉近了与年轻人的距离。在首战告捷之后，以魔方拼图的方式展现战绩，更是对魔方营销的一种回应，再一次与年轻人站在了一起。

浙江卫视大型励志竞技体育综艺《来吧冠军》也成了周鸿祎营销的新选择。在首期节目中，郎平带领中国女排来到节目，周鸿祎则携自己的明星产品 N4 前来搅局。在游戏环节，N4 手机风头无二，一下子就成为现场的主角。

为了缩小明星选手与女排姑娘在排球方面的差距，制定了奇葩而搞笑的规则，这些规则变化为很多个锦囊妙计，而 N4 则是这些锦囊妙计的"锦囊"。此外，与冠军队员的自拍、周鸿祎的自拍等，都给了这款手机特别多的镜头，让人们看到了这款设计精美、表现良好的手机。

在明星选手与女排姑娘的游戏大战中，N4 成功抢镜，成了最大的亮点。借助节目的平台效应，也让全国观众第一时间认识了 N4，很多观众在看完节目之后，都开始在网上关注这一款手机。从营销的角度来看，这无疑是一次成功的营销，带来的营销效应巨大。

很多人看到的都是 N4 横空出世，抢尽风头，却看不到背后的营销所做出的贡献和努力。周鸿祎是一个在互联网中经历过大风大浪的人，他怎能不知道营销对于产品的重要性。这一次打了个漂亮的翻身仗，虽然 N4 手机本身的产品属性非常重要，但是，营销宣传也是功不可没，正是两者的融合，才造就了爆款，让周鸿祎长舒了一口气，真正地成了别人眼中的有分量的对手。

如果说 N4 本身是破城锤，那么营销就是操纵破城锤的强大力量。正是多种营销的发力，积蓄的力量，最终使 N4 华丽转身，一举敲开了手机市场的大门，周鸿祎也正式搅局千元机市场。

第五节　互联思维，以手机为中心打造 IOT

"中国目前有 15 亿～ 20 亿手机设备，将来 IOT（万物互联）时代智能设备可能至少会达到 300 亿以上，对于很多创业企业包括中国传统的中小企业，特别是制造业来说，IOT 是下一个 5 年的风口。"周鸿祎说。

周鸿祎认为 IOT 是未来的发展趋势。此前他就表达过这样的观点，这个世界是一个连接的世界，连接带来了无限的可能性。随着 N4 手机耀世登场，360 手机战略布局逐步推进。他认为，在未来，360 会以手机为中心打造 IOT。

周鸿祎眼中的 IOT

周鸿祎总结了中国互联网的发展，从一开始的 PC 互联网，到现在的移动互联网，他认为，未来是万物互联的天下，这将开启下一次的连接革命。

对于万物互联的未来，周鸿祎认为 360 应该深度参与，并且早已开始在大数据等领域战略布局，未来的战略方向就是依托 IOT 逐步提升品牌核心竞争能力。随着万物互联时代的到来，不仅仅是手机，更多的移动智能设备也将成为移动互联的智能硬件载体。这和 360 所倡导的智能硬件的发展方向不谋而合，由此可以看出周鸿祎对于未来移动互联和万物互联的一种敏锐的感知。

如果单纯将手机视为万物互联的核心，周鸿祎认为还是有失偏颇的，但是他肯定了手机作为未来万物互联时代智能硬件的核心地位。他觉得，未来甚至眼镜都有可能变成"手机"，具备手机的功能。因此，万物互联并不是简单地以手机为核心，而可能是会部分取代手机功能。

如果简单地认为万物互联依赖手机，这是完全错误的。但是，手机确实能够为万物互联提供平台。智能手机用户数以亿计，智能手机本身就是智能硬件中的核心，鉴于此，周鸿祎才提出了 360 未来以手机为中心打造 IOT 的战略构想。

IOT 时代的创新

IOT 时代的到来，确实给企业带来了难得的发展机遇，尤其是对于中小企业来说，更是一个跨越式发展的良机。

大数据的普及，和云计算的发展，为创业者和中小企业提供了一个快速成长的最佳平台。

在他看来，IOT 时代的创新并不是发明，创新不是拿出从来没有出现过的产品，而是将原先的产品赋予全新的功能。从这个方面来看，创新是一种万物互联的连接思想带来的全新的改变，也就是说，万物互联通过与原有产品的融合，就能够出现本质上的改变，智能化的连接带来的是用户体验的跨越式升级，带来的是商业模式的根本性改变。相比于传统时代的产品创新，这样的创新相对更加简单，实际的创新效果却更加震撼，这样的便捷性对于创业者和中小企业更为有利，也更为合适。

针对这一问题，周鸿祎还提到了飞机发动机公司 GE 公司。在以前，公司只是作为飞机发动机的提供商，借助万物互联，将发动机加入了 IOT，这样，发动机的相关参数就可以随时回传，公司对于每一台发动机的相关数据都会有全面的了解，依托大数据分析，可以为航空公司提供很好的建议，进一步提升检修的针对性，降低检修的盲目性，并且提升了发动机的安全性。有了万物互联，公司创新发展了服务，不再是单纯的飞机发动机的一次性产品的销售，这是万物互联带给传统公司的变革，也是发展的机遇。

基于这样的思考，周鸿祎认为未来的所有企业都有发展成为万物互联公司的潜力，这也是万物互联的魔力所在。

IOT 时代的 360

IOT 时代的到来，给 360 带来了难得的机会。在周鸿祎看来，首先带来的就是安全威胁的进一步放大。在以前，互联网安全威胁更多的是数据和隐私，然而，IOT 时代则不同，随着万物互联，可能带来更多的安全隐患。比如，车联网的出现，提升了驾驶的智能性，随之而来的则是物理安全隐患，如驾驶安全性遭到了极大的挑战。

IOT 安全，成为这个新的互联网时代对所有公司提出的全新的挑战。

作为互联网安全公司，这虽是挑战，更是机遇。周鸿祎认为，未来 360 可以依托传统安全领域的经验和技术，进一步拓展业务领域，涉足生活安全领域。IOT 技术给 360 创造了未来发展的无限空间和可能性。

第八章

稳健、智慧的天使投资人

从情感的角度来讲，他把自己和这些年轻人划归为一类人，他觉得这些年轻人是曾经的他，而他坚信他们中有的人必定会是现在的他，甚至会超越现在的他，做得更出色。

第一节　创新发展，天使投资在中国

针对很多人重复提出的一个相同问题："为什么做投资"？周鸿祎挥斥方遒，给出了这样简单且具有力量的回应——我喜欢不断创新的行业，愿意接受新的挑战，风险投资就是这样一个行业。这是他对于投资的最为简洁的阐述，也是对自我投资理念的一次精确解读。

帮助别人成就梦想

不管是在外人的眼中，还是周鸿祎自己看来，他都算得上是一个成功者，虽然背后有着诸多的沧桑，却无碍他以一个成功者的角色继续前行。在万众创业的思潮中，他看到了那些朝气蓬勃的面孔，那些有想法、有技术的青年人让他想到了曾经的自己，他们年轻，缺乏创业经验，他们需要的是一个领航者，给他们点亮一盏明灯。面对这些年轻人，他觉得自己有责任去帮他们一把，他也很愿意充当这样的角色，为他们提供各方面的帮助，让他们能够成长起来。

　　从情感的角度来讲，他把自己和这些年轻人划归为一类人，他觉得这些年轻人是曾经的他，而他坚信他们中有的人必定会是现在的他，甚至会超越现在的他，做得更出色。

天使投资人的价值反思

　　周鸿祎是一个务实主义者，这也是他在互联网创业过程中的生存之道。对于天使投资人这样的一个角色，能够带来什么样的价值，在一开始，他就进行过反思，得出了自己的观点。这也是他身体力行，真正开始做一个天使投资人，涉足风险投资领域的原动力。

　　在天使投资开始在中国兴盛的时候，周鸿祎就问过自己一个问题："硅谷为什么会发展得这么好？"他经过深入的思索，给了自己一个明确的答案。他认为，钱是最为基本的，这里有着大量的天使投资人，风险投资比较兴盛，这也是最为基本的。然而，他认为还有一点是不可忽视的，甚至是更为重要的，那就是钱所不能带来的其他的价值，那就是人的价值，就是经验。毕竟，硅谷的很多风险投资者本身就是成功的创业者，他们给予创业者的不仅仅是钱，更为重要的是，他们为年轻人提供了创业的经验，让他们能够少走弯路，为他们提供了创业的指导，这更容易让年轻人获得成功。这两个方面的因素，周鸿祎认为是硅谷的成功之道。放眼当时的中国，风险投资已经越来越多，但是他认为第二个方面的因素还是相对缺乏的，他愿意做一个先行者，这也是他做天使投资人的初衷。

　　一路走来的创业艰辛，弥足珍贵的创业经验，对年轻人的独特情感，这些交织在一起，让他选择了天使投资人这个角色，他愿意与那些还没成型的公司共同成长。对他来说，这是一个挑战，更是一个机遇，他愿意给自己一个新的机会，更给那些急需帮助的年轻创业者一个机会。

第二节　独具慧眼，如何挑选投资项目

对于我来说，天使投资是相对随意的事情，并没有整体的战略布局，也没有要做一个企业帝国那么宏伟的想法，觉得那些项目有意思就投了。我更希望像KPCB或者红杉这两家硅谷的VC那样，一说起来很有意思的企业，基本都是他们投资的。

人比项目重要

周鸿祎认为，对于如何选择一个天使投资项目，他更看重的是创业者，是人的因素，只有创业者符合要求，才可能将一个企业做大做强，否则，很难获得成功。如果创业者不符合他的要求，即便是项目再被看好，也很难吸引到他，让他掏出真金白银。

项目是死的，而人是活的，人是项目的主导，项目只是一个平台和渠道，如果创业者足够优秀，那就可以对他报以极大的期望。周鸿祎是这么认为的，在选择投资项目的时候，也是这么做的。他选择的合作者需是一个值得信任的合作者，这是他选择投资项目的出发点和初衷。相比人，项目本身虽然重要，但是人还是第一位的考量，如果人不能让他满意，让他感受不到创业者应该具备的成功的素质和条件，那么他也很难说服自己做出最终的投资决策。

选择投资项目的准则

对周鸿祎来说，与其说是选择投资项目，倒不如说是选择创业者。因此，他对于投资项目的选择准则，其实就是对于创业者的选择准则。

周鸿祎认为创业者必须要有自信，要认为自己是一个有点牛的人，这是最为基础的一个选择标准，在周鸿祎看来，牛人成功的可能性更大。但是，他认为的这种牛是建立在创业者对自己充分了解的基础之上的，那种"吹牛"自然是不在其列的。他认为，创业者应该对自己有一个比较理性的认知，也就是得面对自己还不是很牛的现实状况。如果已经很牛了，是特定领域中的最牛的人的话，就已经成功了，根本不需要通过创业来彰显自己的价值。

周鸿祎通过创业者对于自己牛的程度的观察，就能够对于创业者的自我学习和反省的能力有一个初步的了解。如果一听到别人的批评，抑或是别人指出的缺点，就立刻怼回去，不能直面别人的批评，不能反省自己的错误，这样的创业者是很难在风云变幻的商场中获得成功的。在周鸿祎看来，创业者不能太过谦虚，但是，更不能自负，自负意味着无知。任何天使投资人都不会将希望寄托在一个自负的创业者身上，周鸿祎更是如此，因为这样的人即便能够取得小小的成绩，也不会有大的作为。

此外，周鸿祎对于创业者的合作精神也有着较高的要求。即便是再牛的人，也很难通过一己之力来达到目的，只有懂得与他人合作，才可能共同完成一个目标，获得一定的成绩。作为天使投资人，必然需要与创业者有更多的合作，缺乏合作精神的创业者，在周鸿祎的眼中没有任何的价值。

周鸿祎眼中的价值

谈到价值，周鸿祎认为天使投资人本身就是一种投资行为，如果创业者对于自己的项目有足够的信心，是愿意以一个开放和包容的心态去面对天使投资人的。也就是说，他愿意接受投资，并且愿意在未来获得发展的过程中与天使投资人共享发展成果。毕竟，天使投资人不是慈善家，他们也是需要获得回报的。如果不懂得分享，心胸不够宽阔，心态不够开放，也是难成大器的。

创业本身就是一个漫长而痛苦的过程，创业者必须具备百折不挠的顽强精神，有一股子韧劲，这样的人才可能更好地应对未来的诸多挑战，进而解决问题，获得成功。因此，创业者需要吃苦的精神，需要极强的韧性，这一点也是周鸿祎非常看重的。

作为天使投资人，周鸿祎有着比较理性的认知。他认为项目和人的结合才最值得投资。基于这样的投资理念，周鸿祎在成为天使投资人之后，一直秉承着这样的标准，一旦发现值得投资的项目，他会毫不犹豫，果断出手。

第三节 果断出手，被周鸿祎看上的企业

周鸿祎说："在我看来，创业本身就是一件很了不起的事情，但投资比创业更有意义。如果我自己去创业，只能做一件事，但如果学会投资，投很多公司，就能同时做很多事。"周鸿祎认为自己是一个合格的天使投资人，他觉得不是有钱就可以做天使投资人的，一个天使投资人必须对产业有一定的了解，而且应该是创业成功者，对于公司的运作要有比较全面的了解，能够给予创业者一定的指导，同时，还需要有一定的影响力，有广泛的人脉关系，尤其是要和风险投资有很好的联系，只有这样，才算是合格的天使投资人。

IDG 历练后的天使投资人

一开始，离开雅虎的周鸿祎看到了当时风险投资的火热发展，于是就进

入了知名 VC（风险投资）机构 IDGVC（IDG 技术创业投资基金的简称），
这里有他的熟人，也是曾经投资过 3721 的，因此，他进来作为一名合伙人，
就顺理成章了。

当时的他，很快就从离开雅虎的没落中重新燃起了激情，开始投入到全
新的领域中，潜心学习，尽快地熟悉起风险投资。然而，这种激情没有持续
太久，他就被复杂的财务调查磨去了热情，重新审视自己，他觉得这并不是
适合自己的工作。经过思考，周鸿祎认为自己更适合去帮助那些刚起步的公
司，那些还没有被风险投资机构关注的有前景的公司。基于这样的思考，周
鸿祎没有太多的犹豫，他离开了 IDGVC，成立了自己的投资公司，开始成
为一名真正的天使投资人。

从这个时候开始，周鸿祎便开始关注那些刚起步，甚至只有几个人或者
仅仅有想法的互联网、IT 公司，从中寻找自己的投资项目，开始了全新的
挑战。

领域宽广的投资项目

在成为天使投资人后，面对好的项目，周鸿祎一旦认定就不会犹豫。在
这个过程中，他也经历了一个逐步熟悉的过程，也遇到过一些投资失败的项
目，但是，那些投资成功的项目还是让他有了很大的收获。

周鸿祎的投资项目涉及互联网中的诸多领域，从一开始吸取投资失败的
教训，到后来逐步形成稳健而成熟的投资模式，逐步获得成功。凭着自身对
于投资项目的认知，他开始将投资的目光投入到更多的领域中，并且屡有斩获。

周鸿祎的投资项目众多，迅雷、酷狗、Discuz（是一套通用的社区论坛
软件系统）、迅游、三国争霸、iSpeak（是针对中国玩家设计的在线语音群
聊工具）、快播、乐宝游戏、火石软件、康盛创想、起凡游戏等，这一系列
的投资项目成为周鸿祎天使投资人的成长轨迹。

慧眼识珠的成功案例

虽然也有一些看似不靠谱的失败投资项目，但是这并不能掩盖周鸿祎在天使投资中的成功。在这些不同的领域中，周鸿祎依据自己的投资心得和准则，很好地抓住了投资的良好机遇，获得了巨大的回报，使得他作为天使投资人的影响力进一步拓展。在天使投资领域中，周鸿祎本身就是一个招牌。

2005 年，周鸿祎以 8 万美金投资了戴志康创办的康盛创想，5 年之后，公司被腾讯收购，以"现金 + 股权"的形式周鸿祎获得了丰厚的回报，高达几千万美金。

2007 年，博雅互动打动了周鸿祎，让周鸿祎掏出了 100 万元。有了周鸿祎的影响，公司还获得了戴志康、周迷的天使投资。经过 6 年的发展，2013 年 11 月，博雅互动在港交所挂牌上市，当日市值 44.93 亿港元。这成为周鸿祎天使投资的又一成功典范。

在众多的投资项目中，ESUN 智鼾垫项目无疑是一个非常成功而有意思的项目。当时的周鸿祎在《合伙中国人》中作为合伙人，他当时对 ESUN 智鼾垫提出了许多的意见，他也非常欣赏 90 后女孩刘瑶，最终周鸿祎掏出了 300 万元进行投资。后来，这一项目在广东卫视《我要去创业》上，周鸿祎投资的 ESUN 智鼾垫项目再次获得了众多投资人的赞赏并获得 1100 万元的意向融资。

虽然只是一个小小的项目，但是获得了众多投资人的青睐，也不得不佩服周鸿祎独到而辛辣的眼光。

第四节　投资江湖，周鸿祎的投资心得

　　一入江湖深似海，回首已是百年身。即便是互联网界的老江湖，周鸿祎在天使投资领域也是有过惨痛失败的，并且他也不讳言自己的失败，他认为正是这些失败让他逐步有了投资心得，而这些投资心得让他选择投资项目不再是碰运气，而是有着极大的成功概率。

在帮助他人的理念影响下踏入投资江湖

　　"做天使投资，我可以跟那些年轻的创业者去交流，我可以教给他们一些经验和资源，反过来他们也能给我带来新的观点、最鲜活的资讯、最新的用户感受等。这样，我也能够不断地把握市场的脉搏，这样才能接地气。"

　　对于别人问他做天使投资的初衷，周鸿祎也做出了解释。他觉得这并不是特别复杂的事情，当时公司卖掉，手里有资金，而且通过在风险投资机构

IDG 的经历，他觉得可以帮助更多需要帮助的人，于是就做了。还有一点，他觉得在 IDG 的时候学到了很多东西，并且 IDG 曾经还给他进行过风险投资，出于一种感激，更出于帮助更多人的心态，他成了天使投资人，毅然决然地踏入了投资江湖。

创业者的"保姆"

在周鸿祎看来，投资也是一种别样的创业，是通过这种形式参与到创业中。他形象地形容自己为创业者背后的创业者，他把自己比作创业者的保姆。

通过投资，创业者获得资金支持，让公司不断发展，让产品受到欢迎，这本身就是一种成就感，能够获得金钱之外的别样的收获，这一点更吸引周鸿祎。在投资过程中，他关注的是那些初始的公司，还没有被风险投资关注的公司，甚至是一个大胆的、极具价值的想法，他去发现这其中的价值。对那些未来有巨大成长空间的创业者进行投资，这体现出的是他的慧眼识珠，他还可以对朋友说，这个公司是我投的，这种成就感是难以用金钱去衡量的。

周鸿祎在风险投资机构做过合伙人，他也非常明白，风险投资有着更高的回报，天使投资在这方面难以相比，但是他却乐在其中，究其原因，成就感应该是他的驱动力，也是他投资的乐趣所在。

此外，他还可以将自己创业的得失给创业者作为参考，让他们少走弯路。在创业者的心目中，他就是一个导师，和创业者一起成长，会让他有更多的感悟，这也和他个人的创业经历有着极大的关系。

投资心得

作为天使投资人进行投资的这些年，周鸿祎投资了几十个项目，从一开始的一些啼笑皆非的项目，到后来慧眼识珠的项目，他逐步获得了一些投资心得。这也成为他持续投资，逐步提升投资准确性的重要依据。

对于投资什么样的项目、项目所在的领域、项目的未来发展前景，以及创业者本身，都是周鸿祎所重视的，这些是他成功投资的关键所在，也是他在投资过程中获得金钱回报之外的一种收获。

此外，那些失败的投资虽然让他损失了金钱，但也获得了一些教训。相比于投资的经验，这些教训其实也是很有价值的，可能对他的触动更大，会让他在未来的投资中更加审慎和科学。

周鸿祎还总结了几种投资的陷阱和误区，对他来说，这些都是不能碰触的。

首先，在周鸿祎看来，友情投资是不可取的。朋友找到了，因为朋友的关系而不好意思拒绝，这样的投资往往很难获得成功。毕竟，对于朋友难以有一个更加客观而不带感情的评估。

其次，那种随大流，周鸿祎也是不去碰触的。看到别人投了，自己就跟着投，这种投资往往是感性的，缺乏理性的评估和决策。

再次，对于自己并不熟悉的领域，周鸿祎坚决不投资。这也是有深刻教训的，他曾经投资牛奶，最后因为缺乏考察而血本无归，之后他就树立了不投资不熟悉领域的投资理念，这也是巴菲特说的一句话："不熟不做。"

周鸿祎认为做天使投资不能贪心，一旦贪心，着急投钱，往往适得其反。同时，他还认为天使投资也需要专注，需要付出很多的心血，所以，专注不可少。

第九章

创业路上的苦行僧

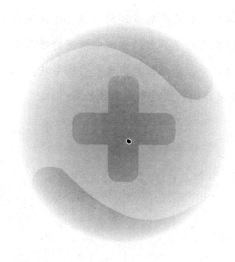

周鸿祎从最开始的程序员，到后来的互联网大佬，成为搅动互联网春潮的人，他的华丽转身给了那些怀揣创业梦想的程序员以希望。然而，对于程序员创业，周鸿祎也有着自己的看法，他并不认为这是一个顺畅的发展渠道，而是布满荆棘之路。

第一节　团队为王，组建一个怎样的创业团队

周鸿祎说："对于创业团队来讲，如果每个员工都把自己做的事情仅仅当作一份工作，当作一种养家糊口、解决财务问题的工具，那么这个营盘绝对不会是铁打的，而是纸糊的，稍有风吹草动，就会坍塌。"在创业的过程中周鸿祎也感受到，对创业者来说，尤其是一开始的阶段，最有价值的并不是想法，也不是未来宏大的前景，而是一个合适的创业团队。毕竟，创业是一个艰辛的过程，需要一个团队精诚团结，劲往一处使，心往一处想，只有这样才可能克服困难，真正获得成功。

理想主义情怀的支撑

对创业者来说，如果以赚钱为最初的出发点，很可能遇到困难的时候就

坚持不下去了，最后只能作鸟兽散，这样的团队是没有战斗力的，更谈不上优秀。在周鸿祎看来，优秀的团队必然有理想主义的情怀，也就是几个志同道合的人，怀揣着同样的理想主义情怀，大家聚到一起，共同做一件事情。

对于理想主义情怀，周鸿祎用自己的创业团队做了很好的解读。他团队中的老人，跟随他很多年的人，当时并不是因为他说的跟着他一起赚钱，也不是因为义气式的"大碗喝酒，大块吃肉，大秤分金"的宏伟蓝图而被打动的，而是因为他告诉他们要做出牛的互联网产品来，让人们的互联网生活更方便、更安全，有了这个目标，大家才能持之以恒地走下来。

周鸿祎在互联网行业中打拼这么多年，看过太多的初创团队，对此，他深有感触：那就是任何一个以赚钱为目的而组合起来的创业团队，最终都免不了分崩离析的结局。要么是因为遇到了很大的挑战，难以克服，最终各自飞；要么是因为受到了其他公司的高薪诱惑，分道扬镳。

聚人聚财的激励机制

俗话说得好，钱不是万能的，但是没有钱是万万不能的。周鸿祎深知这个道理，他强调理想主义情怀对于初创团队建设的重要性，但是并不否认激励机制的价值。也就是说，他对于团队员工的利益保障还是非常重视的，既要让他们通过理想主义情怀团结一心，形成强大的凝聚力和战斗力，又要让他们在创业的过程中，在公司发展的过程中获得应有的物质回报。他形象地称这种做法为利益捆绑，只有将大家的利益捆绑在一起，才能够真正将人心聚在一起。

人都是有自己的基本需求的，因此，要想将一群人聚集起来，组成一个强大的团队，各司其职，各负其责，就需要首先满足他们基本的物质需求，为他们提供一个良好的物质保障。只有这样，团队内的每一个人才能够感受到被尊重，生活也会变得更加体面。尤其是对创业团队来说，团队内的每一个人都会面临很大的挑战，创业是一个耗人健康、燃烧青春的事儿，因此，对于这些能够愿意跟随着创业者一起奋斗的人，他们天然地应该获得更好的回报。

正是因为有了这样的想法，在 360 发展的过程中，周鸿祎从一开始就提出了一个比较详细的员工持股计划，最初员工持股比例达到 40%，后来这一计划不断实施，这一比例也被不断稀释，即便是这样，在上市前仍然高达 22%，其他的互联网公司难出其右。周鸿祎认为理想主义情怀只有建立在有保障的利益的基础上才有存在的可能性和现实性，才能够发挥出强大的精神激励。也就是说，物质激励为理想主义情怀价值的发挥奠定了基础，提供了平台。

激励下的新老交替

对于任何一个公司来说，在发展的不同阶段，肯定都会面临一个问题，那就是新老交替。团队内的人员肯定会处于不断变化中，尤其是创业初期，可能这种人员的变化会更加频繁。如何更好地完成团队人员的更替，以及团队新老交替的问题，就成为企业发展过程中必然要面临的一个问题。

不管是对未来公司发展方向的不认同，抑或是其他现实利益的考虑，团队成员的离开都是难以避免的。再者，一个公司在不同的成长阶段，对于团队的人才的需求也是不同的，因此，吸收更多的人才进入到团队中就是必然的，是公司不断发展的保障。在这方面，周鸿祎认为最好的解决方式还是激励制度，有了充足的利益保障，就不太会因上述的一些问题而造成团队成员的离开。

团队为王，对创业者来说，组建团队是尤为关键的，甚至决定着创业的成败。周鸿祎自身创业的经历也给年轻的创业者提供了很好的指导，要组建良好的创业团队，为创业奠定坚实的人才基础，提供成功的良好保障。

第二节　融资为上，融资速度比价格更重要

创业者应该拥有什么素质？其实很多。但是我想讲的有两点：胸怀和格局。我一直讲创业者最容易犯的一个错误——缺乏一种开放的心态和合作分享的心态。

别把手中的金娃娃抱太紧

很多创业者都会犯一个比较大的错误，可能他们自己并没有意识到。周鸿祎作为天使投资人之后，见过太多有梦想的年轻人，他们怀揣着自己的想法，认为可以在未来改变世界。有这样的想法是好的，但是在周鸿祎看来，仅仅有想法还是远远不够的，很多创业者都高估了自己，低估了别人，他们认为自己的想法独一无二，是别人想不到的，因此，在进行融资的过程中，总是将其视为一个金娃娃，就像自己的孩子一样宝贵。

　　抱着自己的金娃娃，在和投资人沟通的时候，总是斤斤计较，尽可能地将融资的金额做得高一点，却不肯在股权方面做出一点点的让步，生怕让一步，未来自己的公司成为世界公司，损失会数以亿计。这样的年轻人是非常多的，这种想法也是非常不合时宜的。

　　面对这样的年轻人，周鸿祎往往有些意兴阑珊，原本对项目非常感兴趣，最终也可能因为创业者的这种心态和做法而放弃投资。他给年轻的创业者提出了一个非常好的建议，那就是别将自己的金娃娃抱得太紧，创业者在融资的过程中，尤其是天使融资，需要做出一定的牺牲，应在最短的时间内，以最快的速度获得融资，这样就能够先人一步，当然，这样离成功也就更近。

速度为王的创业融资时代

　　互联网的高速发展推动了信息的透明化，使信息不对称得到了极大的改变。在现在，任何一个信息可能都是透明的，任何的想法和点子可能都已经出现在了互联网的某一个角落。因此，创业者的创业想法和点子，抑或是已经开始着手筹资做产品，处于同一个阶段的人在中国有很多，可能这些年轻人都在为一个相似的产品而努力，只不过他们彼此都不知道还有这样的人存在，总是以为只有自己。这个就好比是百米赛跑，每一个人都以为旁边的跑道是空的，但殊不知，这就好像是隐形的，每一个跑道上的人对别的人来说都是隐形的，他们看不到，感受不到紧迫感，但是，他们的最终目标是一样的。在这种情况下，谁能够在起跑阶段就加足马力，就占据了先机。一旦有所松懈，别人占据了先机，则会功亏一篑。

　　周鸿祎认为，对现在年轻的创业者来说，融资是一个速度为王的时代。创业者如果能够尽快地拿到融资，就能够在最短的时间内组建团队，将自己的想法付诸现实，做出真正的产品。产品走向市场，获得用户的认可，后来的创业者，即便是产品稍微落后上市，也可能会因此而难以获得成功。

先活下来才是首要的问题

市场是非常残酷的，就像打仗一样。瞬息万变的市场，就相当于瞬息万变的战场，是一场没有硝烟的战争，但却决定着创业者的成败，决定着新公司的生死。

如果创业者太过于看重天使融资的价格，可能会因为自己给出的高价格而让投资人有所顾虑，甚至可能会因为不能在价格上让步而让投资人对创业者的未来有所担忧。受此影响，创业者可能也会因此而错失最好的融资机会，想要再找到感兴趣的天使投资人也许就难上加难了，毕竟，机会并不是每一天都有的。无数的创业者都在努力寻找一个感兴趣的天使投资人，但很多最终都难以找到，因此也难以实现自己的创业梦想。所以，如果创业者遇到了感兴趣的天使投资人，不能在价格上斤斤计较，需要做出让步和牺牲，获得融资，让自己先活下来，这样才能够发展，才能不断壮大，如果不能够明白这个道理，创业者很难真正获得成功。

创业者应该明白切莫因为占小便宜而最终吃大亏，要有吃小亏占大便宜的心态，这样才能够尽快获得融资，也才能够抢占先机，先人一步，最终一步领先，步步领先。

第三节　长者告诫，大学生创业谨防"伤仲永"

今天的大学生从一出生就接触互联网，代表了主流的用户和未来的趋势。脑子里有层出不穷的奇思妙想。你们有无可比拟的优势，但是我并不赞成大学生一毕业就创立自己的公司，应该先要去大公司学习积累经验，徐徐图之。

周鸿祎遇到的"伤仲永"式的创业者

以前，周鸿祎当黑马大赛评委的时候，有一个年轻人做了一个脸部识别的产品。对于这个产品，周鸿祎是非常认可的，虽然其他的评委对这个产品略有微词，提出了不同的意见，但是，周鸿祎最后还是在与其他评委商讨后，说服了其他评委，将大奖给了这个年轻人。

当时的其他评委也是一些风险投资机构合作人，抑或是像周鸿祎一样的天使投资人，他们认为这个产品还是比较初级的，而且给了年轻人很多的建议，评委们都认为他应该和有实力的互联网公司合作，让产品在和用户的交互过程中得到打磨、验证和提炼。当时的年轻人获得了大奖，满心欢喜，表达了感谢，并且表示会虚心听取评委们的建议，然而，让周鸿祎有点失望的是，这个年轻人获得了融资以后，大笔的钱到手，心态出现了变化，觉得自己非常牛了，经过一年的时间，也没有在产品的商业方面做出评委们期望看到的成绩。

这个年轻人无疑是幸运的，让周鸿祎对他刮目相看，力排众议去支持他，虽然他并没有王安石所描绘的"伤仲永"那般惨，但是也和投资人的期待相去甚远。

"伤仲永"式创业者的失败

现在，很多的年轻创业者，尤其是互联网领域的创业者，他们是技术方面的天才，这一点是毋庸置疑的。但是，他们在获得投资之后，并没有获得应有的成功，针对这个问题，周鸿祎谈了自己的看法。他认为经验是最为重要的，只有经历，只能慢慢积累，没有捷径可走。对于那些天才式的年轻人来说，他们最为缺乏的就是经验，而这个是急不得的，心急吃不了热豆腐。

通过对这些年轻人的观察，周鸿祎还总结了年轻创业者失败的一些原因。他认为好的产品并不是一出来就是完美的，而是需要不断完善的，他列举了360产品的例子，360产品也是一个不断完善的过程，是一个和用户不断沟通和互动的过程，在这个过程中去把握用户的需求，引领用户的新需求，让产品始终有活力。用户的需求是推动产品不断完善的动力，把握用户的需求是成功的基础，这一点正是年轻的创业者所欠缺的，他们没有完全明白用户需求的价值，没有完整地把握用户需求的策略。

好的产品并不会自己跑到用户面前，要借助好的运营来让用户知道产品、接触产品、了解产品、使用产品，成为忠实用户。周鸿祎从来不认为皇帝的女儿不愁嫁，酒香不怕巷子深，他认为产品推广尤为重要，市场是残酷的，需要你去留心观察，不了解市场就盲目进入，市场必然让你吃苦头。

有了好的产品，有了好的技术，有了好的运营，还需要融资，年轻人单凭自己的资金是难以将公司做大做强的。因此，资本运作方面的事情也需要懂，而年轻人对这方面的问题往往是一知半解，面对机会的时候，甚至都不知道如何去谈。

此外，周鸿祎认为年轻人在管理方面还有很大的不足。可能一开始几个人干得热火朝天，但是当得到融资，需要几十个人，甚至是几百个人一起干的时候，管理的价值就凸现出来了。这个时候，年轻人往往缺乏管理经验，致使管理混乱，可能公司的运作也会出大问题。

周鸿祎的创业建议

看过很多"伤仲永"式的创业者，周鸿祎对于这些年轻人也提出了自己的建议，他认为年轻人仅仅有创业的热情是不够的，有不怕吃苦的精神也远远不够，年轻人在保持创业梦想的同时，一开始可以进入一些大公司学习经验，当有了一定的经验积累的时候，再创业不迟，成功的可能性也会更大。周鸿祎认为这样的方式更适合现在的年轻人，能够获得更好的一个平台，也能找到师父和资源，同时还有人替你交学费。

周鸿祎还认为现在的年轻人有着先天的优势，他们和互联网同步成长，他们的成长也是中国互联网的成长，这给他们带来了得天独厚的创业环境，他们在年轻的时候就可以有机会创业，但是如果不能够很好地认知自我，把握形势，很可能就成为王安石笔下的"伤仲永"。

第四节　创业多艰，程序员能否华丽转身

没有当过一个好程序员就不可能成为一个好老板。我是程序员出身，做好程序员，为日后打下了坚实的基础。关于程序员创业，我之所以愿意谈我的观点，是因为我是程序员出身，也是从小公司做起来的，我自认为对待很多程序员个人包括共享软件作者和一些小网站还是很好的，我希望分享一些经验和体会。

聪明人不一定成功

程序员属于聪明人，这一点是毋庸置疑的。但是，在周鸿祎看来，聪明人并不一定能够成功，尤其是在创业这件事情上。作为一个曾经的程序员，周鸿祎看到过很多程序员想要创业，但也一眼能看得出他们能不能成功。

周鸿祎觉得程序员很多都是盲目的，或者他们对自己有着极大的自信，

甚至认为自己是某个方面的技术专家，抑或是他们对于自己缺乏信心，以蓝领的心态抱怨现实。不管是哪种情况，距离成功还有光年的距离。

在中国程序员这个群体中，创业成功的寥寥无几。在互联网企业中，很难找到做过十年程序员的成功者，这从一个侧面也反映出程序员创业的艰辛。

周鸿祎觉得这种情况还有一个基本的因素，那就是大多数的程序员缺乏创业梦想，他们更多的是着眼于眼前，他们希望能够写出一个好的共享软件，每年有几百万的收入就非常满足，甚至是实现梦想了。针对这一部分程序员，周鸿祎认为自己的观点更多的是侧重创业，而不是赚钱，如果仅仅是每年几百万，可能很多程序员都可以实现。

程序员创业的劣势

一个优秀的程序员，必定是一个自信的程序员。然而，在周鸿祎看来，那些优秀的程序员往往把握不好自信的度，一下子就跨到了自负。他认为自信是好的，尤其是在程序员的工作中，在日常的编程技术中，但是自信不能解决所有问题。从本质上来看，程序员其实是在和机器打交道，他控制的是机器，这是他的能力，但是，他却没有其他的与人合作的能力。程序员的合作能力往往比较欠缺，创业中，需要和形形色色的人打交道，不管是合作伙伴，还是竞争对手，抑或是投资人、员工甚至整个社会环境，都需要程序员应对自如。然而，现实中绝大多数的程序员还是更习惯和机器面对面，他们对于其他的工作并不擅长，越是优秀的程序员，这方面表现得越是明显。

还有个别的程序员认为创业并不是一个多大的难题，他们认为不管是市场，还是营销，抑或是管理，只要有了技术和产品，这些都水到渠成。这样的想法是大错特错的，周鸿祎觉得这种心态是非常害人的。

周鸿祎通过自己作为程序员的经历，认为程序员往往都比较固执。这也是职业特性决定的，在程序员的专业技术领域中，他们有着绝对的权威，但是很容易就会沉浸在编程的乐趣中，一旦变成沉迷，就会和创业逐步远离。

周鸿祎给程序员创业的建议

与人合作，这是创业成功的素养。而程序员在这方面往往比较欠缺，因此，周鸿祎觉得程序员要想创业，就要逼着自己做出改变，逐步尝试着与人合作，与各色人去打交道，锻炼自己的沟通能力。当然，在平时的工作中，也要学会合作，懂得如何更好地与他人合作，在合作的过程中让自己变得更加优秀。周鸿祎是一个程序员的时候，他是这么逼迫和锻炼自己的，如果不逼自己一次，你不知道自己竟如此优秀。

找准榜样。周鸿祎觉得很多程序员创业初期就找错了榜样，比如，很多人将比尔·盖茨定为创业榜样。其实，这是不对的。周鸿祎觉得程序员应该崇拜的是微软另外一个创始人保罗·艾伦，他才是真正的程序员。

周鸿祎还一直推崇商业感觉，他认为程序员应该逐步培养自己的商业感觉，抑或是加入一个创业团队，这个创业团队中要有商业感觉敏锐的人，这样更容易获得成功。

周鸿祎从最开始的程序员，到后来的互联网大佬，成为搅动互联网春潮的人，他的华丽转身给了那些怀揣创业梦想的程序员以希望。然而，对于程序员创业，周鸿祎也有着自己的看法，他并不认为这是一个顺畅的发展渠道，而是布满荆棘之路。

第十章

特立独行的企业管理者

当周鸿祎宣布这个计划的时候，外界还是非常震惊的，10%的股份在互联网公司中属于非常高的了。不过，很多人却有着不同的评价，他们认为这是周鸿祎给员工带上了一副"金手铐"。不管怎么说，周鸿祎的这一大手笔还是体现出他在公司管理中的管理智慧。

第一节　工作理念，360 不需要打工者

　　未来会有很多的机会等着大家。员工可以在 360 做出很多的贡献，拿到公司的股票，但你能不能把握住这个机会，取决于你的经验和能力的积累。所以，大家不要以打工的心态在 360 工作，我这里不需要打工的。

来 360 你想获得什么

　　周鸿祎经常给新入职的员工演讲，他的演讲并没有太多高深的道理，却都是大实话，让新入职的员工感觉受益匪浅。

　　周鸿祎将工作以后的人生经历视为一个江湖。有江湖的地方就有人，各色人等，你想要在江湖中立住脚跟，并且再进一步，想成名立万的话，就需要有真正的本事。在职场中，能力是核心价值，有能力的人才能占据

一席之地。

他总是对新入职的员工说，大家大多都是平民子弟，都是社会中那最大群体中的一分子，因此，你要想过更好的生活、更体面的生活，就需要靠自己的努力。因此，他认为，任何一个员工想要获得成功，达成自己那些不大不小的梦想，本事是基础，其他的都是虚的，都是不现实的。

有的新员工就说，上班开心不是最重要吗？周鸿祎微微一笑，用他那饱经沧桑却锐利有神的眼光看了一眼新员工，然后告诉新员工们，创业者，抑或是发展中的公司，很多时候都不会让你开心，如果你真正将工作放在心上，也会感受到巨大的压力。

周鸿祎希望新员工能够在 360 获得成长，不断提升能力，学到本事。即便是以后离开了，也能够有美好的回忆，和一群充满激情的人共同做过一些事情，而且这些事情很可能是非常伟大的，能够改变人们生活的，给人们带来便利的。可能很多人在 360 工作一段时间之后就离开了，去了别的公司，抑或是自己创业了。周鸿祎觉得这是正常的，而且他也希望自己的员工能够离开之后有更好的发展。

混日子的心态不可有

俗话说得好，师父领进门，修行在个人。周鸿祎借用这一句话告诉员工，进入 360 其实是打开了一扇新的大门，入门之后，至于能取得什么样的成绩，完全在于个人。面对着众多的员工，他也不可能每个人都关注到，然而，他还是希望员工在进入 360 这道门之后，能够有所收获，有所成长，不虚度光阴，不愧对自己。能够做到这一点，就是一个合格的员工了。

对于那种混日子的员工，他的态度是确定的，那就是 360 不需要。但是如果有的员工持有混日子的心态，周鸿祎认为最终吃亏的只能是自己。他觉得大公司总有地方可以让人混日子，毕竟，作为公司的 CEO，他也不可能管到每一个人，但是，他用他自己的经验告诫员工，混日子其实是浪费时间，浪费时间就是浪费生命，有这种心态的员工其实是对自己的残忍。对于他来说，顶多混几年，每年一二十万，再多点也无所谓，不过也就是百八十万、一二百万的，但是，随着年龄的增长，最终会把自己混进去的。其实，他所见到的混日子的人，并不是不聪明，反而是太聪明，最终却是聪明反被聪明误，到头来落得个失败者的结局，自己的路也只能越混越窄，而且也浪费了宝贵的成长机会，得失利弊，自然显而易见。

给新员工的建议

周鸿祎不需要打工者。对于员工，他认为如果你不是真心喜欢 360，抑或是有混日子的心态，他建议还是尽快离开，做自己喜欢做、乐于做的事情，最起码还落得个心情舒畅。在 360，并不是每一天都会开心快乐的，想要做成一个产品，想要做成一件事情，需要大家共同努力，很多时候都会有痛苦、有挫折、有郁闷、有失落。

大家走到一起，共同努力，做成一件事情，收获成功的喜悦，获得应有的回报，这就是每一个员工事业成功的体现。所以，周鸿祎认为最重要的在于员工在 360 能不能学到东西，是否能够获得成长。只有不断学习、不断成长的员工，才能够在 360 有更好的平台，有更多的资源，有更多的回报。

第二节　管理之术，周鸿祎给员工带上了"金手铐"

　　10%的股份拿出来作为员工激励，我希望能让他们不是觉得在这个企业里仅仅是打工，他们真的能有一种合伙人的感觉，他们也是这企业的一部分。

周鸿祎的"大胖子"公司哲学

　　在周鸿祎看来，公司在不断变大，这就好像是一个人越来越胖，自然不可能像以前那样灵活，不可能身轻如燕。因此，他对于公司有着较为清醒的认知，而且有着独特的看法。在他看来，360是一个技术型的公司，不可能像其他的商业化的大公司那样运作，他对于那些一般的公司的繁文缛节并不是特别看重，那些越来越复杂的组织架构，以及由此而来的更为烦琐的流程，造成的文山会海的情境，是他不希望看到的。

在这种情况下，周鸿祎就在思考如何更好地去管理公司，如何更好地让大家能够凝聚在一起，不会因为公司变大而造成人员之间凝聚力的下降。从这个时候开始，周鸿祎就想到了以前他给予那些跟随他的人的回报，于是，他打算拿出股份来给员工，给员工以激励，让员工有更好的斗志，能够以更加饱满的热情投入到工作中，而不是混日子，得过且过。

有了这样的想法之后，他还和老婆商量了一下。他觉得钱对于他们来说已经不是最重要的了，他希望能够从公司股份中拿出 9 个点，再从自己的股份中拿出 1 个点，凑足 10 个点，作为公司的员工奖励股份。这部分股份在未来属于公司的合伙人，属于公司的核心成员，老婆也非常理解他的想法，并且非常支持他的做法。

于是，当周鸿祎宣布这个计划的时候，外界还是非常震惊的，10% 的股份在互联网公司中属于非常高的了。不过，很多人却有着不同的评价，他们认为这是周鸿祎给员工带上了一副"金手铐"。不管怎么说，周鸿祎的这一大手笔还是体现出他在公司管理中的管理智慧。

资本思维指导下的决策

周鸿祎之所以做出这样的决策，和 360 公司未来上市的打算是密不可分的。但是，他的这一大手笔还是获得了员工的一致称赞，毕竟，这 10% 并不是期权，有资格的员工获得的是直接的股份，并不像期权一样需要员工以一定的价格购买。

从 360 上市之后的市值来看，员工的回报还是非常丰厚的。对周鸿祎来说，他从来不会亏待和他一起打拼过的人，之前卖掉 3721，很多跟随他多年的人就获得了不菲的现金回报。现在，他在 360 不断发展的过程中，拿出股份直接作为员工的激励，也是一个大手笔。随着 360 在 2018 年 2 月 28 日在上海证券交易所上市，市值超过 4000 亿元，员工获得了巨大的回报。

在 360 的发展过程中，周鸿祎也获得了资本市场的融资，这也是 360 能够不断发展的保障。既然将来上市之后投资人能够得到非常好的回报，那么那些跟随他一起打拼的员工周鸿祎认为也应该获得回报，这样对他们才算是公平的。随着 360 的上市，股东的回报是巨大的，这也可以看出周鸿祎对于 360 在资本市场的表现的一种基本的判断。

团队和股东同样重要

从 360 私有化之后，很多人都会问周鸿祎 360 何时上市，这一问题他也曾无数次地回答过，当然都是以"暂时没有上市计划"作为标准答案。

周鸿祎对于股东是非常感谢的，是他们真金白银地拿出了几十亿美元，才有了现在的 360。同样地，对于自己的团队他也是非常感激的，正是因为有了优秀的团队，大家聚在一起，踏实干事，努力工作，360 才能够不断发展。如果仅凭他周鸿祎一个人的话，是不可能干成事情的，对这一点，他有着清醒的认知。并且，在创业的过程中，团队跟随着他，遇到了很多的困难和挫折，他们都坚持下来了，等到公司上市了，团队应该享受成功。在他看来，这就好比一棵树，在大家的细心呵护下成长，等到果实成熟了，大家都应该分享果实才对。

第三节　自我历练，如何成为优秀的产品经理

在我看来，要想成为优秀的产品经理，我的最大心得是：学会用"小白"模式、傻瓜模式、同理心做产品，设身处地从用户角度去设想。

用心是不可或缺的

用心是一种精神，用心才可能成为一个好的产品经理。针对这个问题，周鸿祎做出了幽默风趣的解读。

他公司里的员工，辛辛苦苦买了房子后，装修的事情也都亲力亲为。和各种建材商人打交道，等到房子装好了，自己也差不多成专家级别的了。自己的房子，自然十分用心，装修的每个环节都非常关注，最终，房子装修得非常漂亮。周鸿祎觉得如果能够以这样用心的精神去做产品经理，不可能做

不好，必然是一个优秀的产品经理。

在他看来，即便是一名普通的员工，也应该跳脱出打工的理念，要有大局观，心中要有"大我"。也就是要有对产品负责的心态和对用户负责的理念，而不是一种养家糊口对老板负责的态度。只有这样，才能够主动去了解产品，努力去完善产品，积极去了解用户需求，努力通过产品去满足用户需求。

用心是产品经理最为基础的素养，用心做产品，用心对用户，才能够做一个称职的产品经理。

换位思考很重要

评价一款产品的好坏，不在于技术多高，不在于设计多好，最终的标准在于用户。用户觉得好的产品才是好产品，而不是设计者觉得好，或者是老板觉得好。鉴于此，周鸿祎建议产品经理应该时刻懂得换位思考，如果自己是用户，会对产品有怎样的评价。这一点非常重要，毕竟，用户的角度和设计者的角度是不同的，和老板的角度也不同，和产品经理的角度也大相径庭。

周鸿祎认为现在做产品有一个不好的趋势，那就是容易做到最后产品变成了做给自己的，而不是做给用户的。这就尴尬了，做给自己的产品，产品经理觉得完美，老板觉得满意，但是用户不满意，难以获得用户的认可，难道能说这是一个好的产品吗？

周鸿祎特别看重用户体验，他认为这是一个产品经理的基本素养。那些离用户更近的人，其实都可以是产品经理。他们了解用户、了解产品，与用户更多的互动，是推动用户体验创新的中坚力量。

为了激励员工懂得换位思考，周鸿祎经常对员工进行教育，鼓励他们"像白痴一样去思考，像专家一样去行动"。在他看来，普通的用户不是专家，他们没有耐心，也没有能力从技术的角度去评价产品，他们只会通过使用体验去评价产品。因此，他才建议产品经理应从技术"小白"的角度去看待产品，将自己视为一个对技术一无所知的普通人，这样可能会发现新问题，一旦发现问题，则要马上处理，这个时候，就要体现出产品经理专家级的能力。

处处留心皆学问

对产品经理来说，在生活中，人人都是其他产品的用户，会通过其他产品获得用户体验。当产品经理在生活中获得比较糟糕的用户体验之后，可能会联想到自己的产品会不会得到用户同样的体验和评价。因此，生活中处处留心皆学问，随处都可能发现让产品更加完善的机会。只要用心，就会有回报。

比如，闻名全国的西直门立交桥，有的人上桥了，半天下不来，走个立交桥都能走崩溃了。这样糟糕的用户体验必然能够带来一些用户体验方面的思索，用心去寻找，总能够得到产品完善的灵感。

做个没心没肺的厚脸皮。周鸿祎多次强调，优秀的产品经理必定是一个没心没肺的厚脸皮。这句话看似是讽刺人的，其实则不然，再优秀的产品必然也会有所不足，产品经理要有大心脏，要有强大的心理素质，能够承受住骂声，在骂声中去关注产品的不足，让产品更加完善。

没心没肺还有一个意思，那就是不怕失败。毕竟，好的产品不是一蹴而就的，而是经过长时间的打磨和完善的，在这个过程中，可能会失败，可能会遇到挫折。但是，产品经理应该不怕失败，应该敢于面对失败，从失败中总结教训，获得经验，为未来的成功打基础，为未来的好产品做铺垫。

第四节　自知之明，好领导是什么样的

周鸿祎说："最近我和一批年轻的创业者去看了《鸣梁海战》，后来又组织全公司的人都去看了一遍。《鸣梁海战》也教了我们很多关于领导力的内容。"但对于这部电影，周鸿祎提及最多的不是激烈的战斗场面，而是李舜臣夜半从梦中惊醒这一情节。周鸿祎认为，他是领导者，但他也是真实的人，和别人一样，因为巨大的压力而噩梦连连，这里没有将军的明星光环，而是塑造了一个有血有肉的英雄形象，让他变得更高大。周鸿祎认为这更符合领导的现实。

好领导懂得坚持

商场是另一种战争的呈现，没有硝烟却同样残酷。周鸿祎喜欢战争片，是因为他从中看到了那些战争的胜利者的坚持。

很多时候，战争不是实力悬殊，而是势均力敌，这个时候，坚持就显得尤为可贵。哪一方懂得坚持，能够忍受更多的痛苦，就可能获得最终的胜利。周鸿祎认为自己也是一个普通人，也曾经和其他人一样，直到现在，即便是360做的还算可以，他仍然是战战兢兢，步履维艰，压力巨大。随着员工的增多，相比于逐步发展的喜悦，他更多感受到的是压力。在这一刻，他褪去了身上成功者的明星光环，撕去了互联网大佬的光辉面具，以一个创业者的姿态出现在大家面前。他也深知商场的险恶，今天的成功者，可能明天就会变得一无所有，甚至负债累累。

创业者可能会很好地解决自己的问题，但是他们最终需要带领企业成长，因此，坚持是胜利的基石、成功的保障，这一点是周鸿祎最为看重的。

好领导具备勇气

电视剧《亮剑》中的李云龙展示出了狭路相逢勇者胜的亮剑精神，对于创业者来说，也必须具备敢于亮剑的精神，这既是对自己的鼓舞，更是对对手的震慑。

周鸿祎认为，领导者必然要有这样的勇气。面对创业的艰难，可能时刻都会面临生死的困境，这个时候，领导和员工一样，都会恐惧，但是，成功的创业者具备的是一般人不具备的勇气，是面对强者敢于挑战，敢于亮剑，仗剑迎敌的勇气。

周鸿祎将创业比作战斗，形象而贴切。他觉得现在的年轻创业者，他们有梦想，他们不缺激情，他们缺的是一种内心中的坚持和敢于亮剑的勇气，尤其是在企业面临巨大困境时候的咬牙坚持，以及由此而爆发出的巨大战斗力，和这其中隐含的成功的力量。勇气，是创业者通向成功的铺路石。

好领导具备决策力

对一般人来说，惯常的思维是做了坏事不如不做事，但是，对于领导来说，尤其是对于创业者来说，决策力是至关重要的，对决策力他们也有着形象的表述，认为做一个愚蠢的决定也好过不做决定。

乍一听，感觉是不靠谱的，但是细细品味，对这句话的妙处顿时有所感悟，绝妙之处确实让人称道。

创业者不是坐享其成，而是胼手胝足，筚路蓝缕，用双手创造明天。因此，创业者要想成为好的领导，必然要有决策力，有勇气去决策，并且能承担决策的后果。如果畏首畏尾，害怕决策，害怕担责，就错失了难得的发展机遇，是不可能获得成功的。

做决策必然要承受压力，承受结果。就如同《鸣梁海战》中的李舜臣，做出了烧掉宿舍的决策，让大家破釜沉舟，当时还有很多人并不理解这样的决策，并且颇有微词，但最终大家还是团结一心，获得了胜利。看似不讲人情的决策，却成为改写历史的决策。

领导需要团队

一个人的能力再大，也难以扭转战局，也需要手下的兄弟们辅佐，大家共同干成一件事。即便是美国队长，也有一个小队，有一帮兄弟辅佐。我们的每一个创业者，单枪匹马，谈何成功？

周鸿祎赞同领导并不是天生的，而是在荆棘中走出来的，即便是现在那些福布斯排行榜上的大佬，一开始的时候，也和现在的年轻创业者一样，他们也是在不断成长的。

因此，创业者应该懂得如何领导团队，学会面对挑战，下一个成功者就会逐步成长起来。

　　好领导是什么样的？每个人都有自己的观点，周鸿祎用一个过来人的眼光谈了自己对于这个问题的看法，道理浅显易懂，实在，不做作。创业者应该会有所感悟，对自己的创业也会有帮助。

第五节　理性认知，大企业和小企业

　　周鸿祎说："公司要发展，我觉得要创造一种类似硅谷正在流行的'合弄制'的机制，使得团队能够自我设计目标、自我激励、自我驱动。"周鸿祎还认为，大企业和创新是有着天然的矛盾冲突的。毕竟，大企业更多寻求的是稳定和安全，是现有的行业地位，创新则不是第一位的。小企业则不同，形势所逼，不创新就得死，于是有了"不创新，毋宁死"的精神，从而可能干翻大企业，创造奇迹。

大公司的病

　　大公司往往有着较为成熟的业务模式，他们更多寻求的是稳定和安全，对于创新有着骨子里的排斥。毕竟，创新是一个未知的路途，会面临很多的风险，既然躺着就能把钱赚了，何必搞得满头大汗、身心俱疲，为那个不确定的未来和那个不确定的结果折腾呢。

周鸿祎还认为，即便是大公司的领导者重视创新，但整个的公司环境也可能有着天然的对于创新的排斥，这一点是不以公司领导者的创新理念为转移的。因此，从这个角度来看，大公司的创新更加艰难。

周鸿祎的发展思路

随着360成功在国内上市，市值最高4000多亿，可以算得上是大公司了。作为一家希望成为中国最大的IOT的互联网公司，周鸿祎对于这个问题也进行了很多的思考。如何把大公司做得更好？他认为仅仅依靠领导者和管理层是远远不够的，即便这些人再聪明，不吃不睡，也难以解决全部问题。在经过长时间的思考后，周鸿祎认为把大公司做小，按照创业公司的思路去做大公司，这是未来的一个趋势。

在他看来，以此思路为指导，公司就不再是简单的老板、老员工带着新人工作，可以借鉴"合弄制"的形式，将员工从日常工作中解放出来，让每一个员工都像一个创业者，激发每一个员工的创业激情，激发他们的创造力。

360做智能硬件，不管是路由器、摄像头、儿童手表，还是手机、行车记录仪，它们都是相互独立的，就好像是古代的诸侯制的做法，每一个公司都有自己的领导，都有自己的大脑，每一个创新的产品也都做得让周鸿祎比较满意。

很多大公司的所有者不太愿意这么做，还是统一管理，大有一统天下的气概。这其实是害人的思想。可能很多人觉得分拆之后会带来管理上的挑战，这种考虑是对的，但是，却不利于创新。未来，创新是驱动互联网公司发展的核心价值，没有创新，大公司转眼间可能就会消失。

小公司如何打败大公司

很多人都问过周鸿祎，他是如何从一个小公司做起，最后打败大公司的。对于这个问题，周鸿祎深有感触，他提到了《鸣梁海战》这部电影，电影中李舜臣只有 12 艘军舰，却让日军的 300 多艘水师铩羽而归。以小博大，敌我力量如此悬殊，为什么能打赢？

周鸿祎认为创新很重要。李舜臣不是一个莽夫，面对几十倍的敌人，他并没有盲目地正面对抗，要是那样，很快就沉入海底，也不会有史书留名了。李舜臣是怎么做的呢？他找到了一个狭窄的海峡，窄到什么程度呢，只能够同时容纳十艘战船。

为什么选择这样一个地方开战？其实，这样的一个地方可以将李舜臣的劣势最大限度地缩小，日军即便有 300 多艘战船，也只能有十艘战船进来。通过创新的思路，李舜臣一下子就和日军势均力敌了，再加上他熟悉地形，能够找到对自己最有利的地形，最终获得了胜利。这不是运气，而是创新，是智慧。

有了这个故事的启发，创业者们也要有战胜强大对手的信心。有信心才可能有实际行动，要不，只能是黄粱一梦。创业者的优势在于对用户的需求了解得更加系统和深入，这就像李舜臣比日本人更了解地形一样，看似不起眼，却决定着成败。

创业者需要沉下心来，这样才不会眼高手低，才会比竞争对手更接地气，更了解用户的需求。周鸿祎谈到了现在的 O2O 项目，他觉得这些项目最终都需要走互联网和产业融合的路子，对这些小公司来说，可以学学李舜臣，认真走访调查，熟悉情况，说不定真能干番大事业，即便不能，也不至于被大公司干翻，总能有一席之地。

第六节　找对方向，集中精力做一件事

　　周鸿祎说："伤其十指，不如断其一指。因为你有强大的对手，你又不具备强大对手的资源。资源有限的时候，你一定要单点突破，不能面面俱到。"周鸿祎曾经是一个挑战者，面对强大的对手，他找到了单点突破的机会，打败了强大的对手，获得了成功。集中精力做一件事，这是一个过来人对于创业者真诚的建议。

门外汉的独特逻辑

　　直到现在，周鸿祎在反思360成功的过程中还心有余悸。他认为自己是门外汉，也正是因为不懂，才无知者无畏，而且也不会受到定式思维的影响，反而更有可能创新，看到那些在行业中很多年的人所看不到的独特风景，于是就有了别人看不到的机会。有了这样的机会，就有了成功的可能。

　　面对当时杀毒行业内的其他大企业，周鸿祎认为人家已经有了多年的发展，跟在他们的屁股后面，永远不可能超越，甚至别人吃肉喝酒，自己连菜渣都没有。那怎么办？总得找到一个突破点，找到一个自己有优势的方向，这就像是被包围了，想要突围，必然不能四处乱窜，要选择敌人包围圈最薄弱的地方，一通猛揍，打开缺口，就能够逃出生天，未来的美好生活就会在不远处了。

　　面对的问题多，但是，周鸿祎坚信办法总比问题多。他找到了麦肯锡做咨询顾问，于是，他们决定做杀毒，做防火墙，就这样，最终乱拳打死老师父，让那些曾经赚得盆满钵满的强大对手丢了饭碗。

乱拳打死老师父

　　当时的周鸿祎不是互联网安全的专家，他是一个门外汉，决定做杀毒，做防火墙之后，他又开始了新的思索，觉得如果和别人一样，那还是干不过别人，怎么办？于是，他那异于常人的做事风格让人大跌眼镜，那就是免费杀毒。

　　消息一出，无异于给互联网杀毒行业一个晴天霹雳。在这个行业中，收费杀毒软件是很多公司生存的来源，周鸿祎一进来，直接断了所有人的财路，这让大家震惊，网民反倒是非常高兴。即便是周鸿祎的跟随者，对于这个决定当时也是非常震惊的。

　　这就好比是两个人对决，周鸿祎是弱者，面对强大的对手，正常的套路是不行的，只有被吊打的份。于是，他找到了对手的死穴，一击致命，再强大的对手也难以招架。用时兴的话说，那就是"武功再高，也怕菜刀"，套路不同，命运不同。

　　此举一出，那些曾经根本没将他放在眼中的对手，顿时泪流满面。看着他以成功者的微笑转身离开，面对他的背影，也只能默默地丢下一句，你不按套路出牌呀。

田忌赛马的哲学

周鸿祎觉得，不管是什么产品，完美是不可能的。因此，即便是再强大的竞争对手，他的产品也不是完美无缺的，因此，创业者可以集中精力做一件事，正面硬来肯定干不过对手。在这方面，老祖宗的智慧倒是可以借鉴。

田忌赛马的故事告诉我们，要避其锋芒，以自己的优势对对手的劣势，这样才能够扬长避短，获得胜利。因此，对创业者来说，不要一开始就想着超越别人，战胜行业内的巨头。一开始，要研究，发现别人的劣势，并且在这一点上发力，发挥自己的优势，单点突破，就是一个好的开始。

周鸿祎告诫年轻的创业者，方向不对，越努力，你就离成功越远。也就是说，仅仅集中精力做一件事是远远不够的，还必须要选对方向，找到未来的发展方向，才能够更加有的放矢。找到了方向，并且愿意为之努力，为之付出全部的心血，那么，创业者离成功就无限接近了。

创业初期，资源有限，用户有限，产品也并不是十分完善，也不被许多人所熟知。这个时候，集中优势兵力，集中所有资源，找对方向，单点突破，才可能看到未来的曙光。

创业者往往热血沸腾，有勇气，有梦想，但是还需要智慧，单凭勇气和梦想是难以在残酷的竞争中站稳脚跟的。知己知彼，百战不殆，创业者需要对自己有理性的认知，对对手和整个的市场有全面的了解，选择最适合自己的方向，然后毕其功于一役，集中所有的资源，奋力一搏，就可能打败强者，成为未来的强者。这个道路不是每一个创业者都能走过来的，而能够成为未来强者的更是少之又少，然而，机会摆在眼前，抓住机会，才可能有未来。

第七节　企业架构，扁平化与小而美

在新的时代，企业的架构和管理方式也应该会随之而改变。我不知道会变成什么样，因为从来没有别人这么做过，但是有一点是可以肯定的，那一定是扁平化的，一定是以产品和用户为核心的，一定是小而美的。

扁平化的层级设置

周鸿祎认为，现在的企业开始逐步减少层级，原先那种多层级的企业结构已经不适应新的形式发展，尤其是对互联网公司来说，扁平化必然是未来发展的趋势。扁平化解决了一个层级之间的协同问题，将原先较为复杂的金字塔式的层级机构进行了优化，在他看来，两个层级就比较好，抑或是三个层级，这就是最多了。

扁平化赋予了不同层级之间更多的灵活性和自由性，在层级之间的沟通和协调也更加有效，不用将大量宝贵的时间浪费在层级汇报这些基础性的工作上，而可以集中精力去做产品，做应该做的事情。

周鸿祎做了一个形象的比喻，他将扁平化比作一个巨大的"如来神掌"，一掌拍扁了原来的金字塔式的层级结构。层级少了，直接的沟通也变得更加现实，避免了层层传达造成的信息失真和遗漏等问题，其实是对工作效率的极大提升。

小而美的团队设计

团队是公司发展的基础，也是公司成功的核心。团队作为公司中的基本组成部分，并不是越大越好的。以前，很多人认为团队大了好，各方面的人才都有，能够更好地实现互补。现在，创业者和管理者开始转变这种理念，他们认为小而美才是未来公司团队的最佳状态。

在周鸿祎的眼中，小而美的团队就好像是一个蒲公英，团队内部还可以细分为一个个更小的团队，不管是项目，抑或是业务，都可以成为细分团队的标准，关键在于何种选择更符合企业的需求。

团队细分之后，一个个小团队就变得更加灵活，更加有自由度，也更加有执行力。这样，项目就能够更快地启动，并且取得一定的成绩，业务就能够更快地展开，并且获得一定的成果。这样的小团队对于市场的适应力是极强的，对于市场的敏感度也是极高的，能够更好地关注潜在用户，对于特定用户的需求有更全面而精准的把握。

阿里巴巴也开始在团队方面做这样的探索，开始逐步分拆，现在变为了25个不同的事业部，成为一个个小的团队，以业务为标准进行了划分。腾讯则是以项目为标准进行了小团队的建设工作，进一步细化了项目组。

这些互联网巨头公司的做法，其实就是对小而美的一种坚定的执行，是自公司内部而出现的一种自我更新，是对于公司原先团队的一种创新性的颠覆。颠覆传统是为了更好地发展，创新探索是为了变得更加强大。

周鸿祎的思索

随着 360 的不断发展，周鸿祎有一个困惑。在一开始的时候，只有几十个人跟着他，那个时候的 360 才刚刚开始，现在，360 已经有 6000 多人，他难以像一开始那样对每个人都熟悉，都了解。周鸿祎比较幽默地表示，"360 没有大公司的命，却得了大公司的病。"在痛苦的思索过程中，他认为小而美是未来打破这一瓶颈的最佳选择，于是，他开始将公司团队朝着小团队的方向发展。

在 360，这些小团队不是固定的，而是以项目的需求为参考，依据项目的需求和实际情况，进行小团队的组建。周鸿祎给了员工极大的特权，只要他觉得员工提出的项目足够好，获得他的认可之后，员工就可以自己组建团队，公司提供所有的资源。这是一种开放式的团队建设理念，是对于小而美的一种创造性的发展。360 的每一个员工都有这样的机会，只要有好的点子、好的项目，就可以一跃成为产品负责人，跳上枝头变凤凰。这样，每一个团队负责人就好像是一个小企业的领导者，这样的团队战斗力和竞争力是可想而知的。做出有价值的产品，这是周鸿祎的核心标准，也是 360 的小而美的终极诉求。

第十一章

人工智能的倡导者

几年来，人工智能成为一个热门话题，引发了广泛的关注，很多人都在担心可能像一些科幻片里那样，人类被人工智能控制，带来灾难性的后果。面对这个问题，周鸿祎认为根本没有必要恐慌，他觉得人工智能是未来发展的一个趋势，可以给生活带来便利，但是过多的担忧是没有必要的。

第一节　大势所趋，让人喜忧参半的人工智能

面对人工智能大可不必恐慌。时下热炒的人工智能的概念，本质上是弱智能，甚至是伪智能。

和 KK 的对话

2014 年底，周鸿祎和互联网预言家、《连线》杂志前主编、《失控》作者凯文·凯利进行了关于人工智能的对话。

KK 认为未来 20 年内，人工智能必然是一项热门的科技，可以给人们的生活带来极大的便利，但是如果说到人工智能能够威胁人类，这可能只有在好莱坞的电影中才能够看到。他认为机器人是需要人去操控的，消灭人类这种想法有点匪夷所思。他认为未来的人工智能更多的是工业型的，本质上还是属于电器范畴的。

周鸿祎在对话中也表达了自己的看法，他们对于基本的人工智能的发展方向还是有着比较一致的看法的，对于未来人工智能的发展也都比较有信心，同时，对于人工智能威胁人类的这种观点，他们也都是持否定态度的。

人工智能产业泡沫

从产业的角度来看，周鸿祎认为人工智能产业本身的发展并没有大家想象中的快速成长，是有着很大的产业泡沫的。做出这样的预测，和他去硅谷以及美国的人工智能最为优秀的一些实验室的亲身经历，以及和这些人工智能领域的专家沟通之后的判断有直接的关系。他通过亲身的感受，结合自己在互联网领域半辈子的摸爬滚打，认为这是一个具有很大泡沫的产业。

随着人工智能在中国关注度的提升，尤其是对于人工智能威胁人类的观点的探讨，人工智能被推向了一个热点话题的位置。360 公司也关注人工智能，并且在这方面做了一些工作，进行了一些部署，因此，周鸿祎对于人工智能也有着自己的看法，他对于未来人工智能的产业泡沫的论断由此得出。

纯粹的人工智能是没有商业模式的

在周鸿祎看来，人工智能更像是一个工具、一个平台，本身并不能独立地存在，如果不能够和其他的领域抑或是产业融合，则失去了存在的价值。从这个角度来看，人工智能并不具备形成完整的商业模式的可能性。

谈到这个问题，他也提到了 AlphaGo，它是 DeepMind 公司的人工智能产品，这家属于谷歌的公司，通过下围棋的方式向全世界展示了人工智能的价值。但是，周鸿祎觉得这只是一种展示的方式，并不能够形成商业方面的完整模式。不过，这也让大家明白了人工智能未来大有可为。

在他看来，人工智能与基金管理结合，如果能够有大数据支持高于人工管理的回报率，那么它的价值就得以实现。这样的人工智能与产业的结合是一个趋势，也是公司未来发展人工智能的基本思路和方向。

企业家都是务实的，如果人工智能不能够带来实际的回报，那么他们对人工智能的兴趣就会大大降低。因此，未来人工智能的发展必然是与产业结合，找到商业模式，才可能有未来。

人工智能还不足以威胁人类

在周鸿祎的眼中，现在的人工智能更多的是一种伪智能。针对这一观点周鸿祎也做了解读，他认为这只是计算机发展过程中硬件不断强化而带来的计算能力的一种跨越式的发展。通俗地讲，可以将其视为"新瓶装旧酒"，与以前的计算机的计算能力并没有本质上的差别，并没有真正地产生出思维。

既然不具备思维，那就更谈不上有意识的产生，这些是情感出现的基础。鉴于此，他认为人工智能威胁人类并不现实。

周鸿祎关注人工智能的发展，他认为这是未来发展的趋势，是大势所趋，在未来 20 年大有可为。但是，面对现在的人工智能的发展，他认为用"喜忧参半"可以很好地概括，尤其是在人工智能硬件方面，有着太多的坑，发展并没有预期的快。因此，人工智能缺乏硬件支撑，这也是未来发展的一大挑战。谁能够解决硬件问题，将人工智能与硬件更好地融合起来，未来谁就能够真正地在人工智能领域大有作为。

第二节　实干精神，360 将从两个方向部署人工智能

人工智能时代一旦开启，对每个人都是新的舞台。它会以指数级速度加快，技术进步不可阻挡，我们能做的，只有奋力抓住潮头，迎接变化！

上市之后的人工智能未来方向

在 2018 年 2 月 28 日，周鸿祎在 360 上市之后对于 360 的未来发展方向进行了总结，提出了三个方向，人工智能就是其中之一，是 360 未来重点发展的方向。

在关注人工智能发展，推动公司人工智能创新发展的同时，周鸿祎对于大数据也非常重视，他认为两者是相互依存的。大数据可以为人工智能

的发展提供很好的支持，而人工智能的发展则可以推动大数据价值得以更好地实现。

　　周鸿祎认为人工智能发展的第一个方面就是大数据技术，他做了一个形象的比喻，如果人工智能是大脑的话，大数据就是身体，是大数据支撑了人工智能。在没有大数据的时代，人工智能也不可能获得发展，对这一点，他是有着自己的独到见解的，而他的这一观点也获得了广泛的认可。

　　作为网络安全领域的公司，周鸿祎认为大数据是公司生存和发展的基础，大数据对于网络安全的重要性也是无可替代的。因此，360早就在大数据方面有了很好的发展，并且成立了高水平的专家团队，专家团队的工作推动了公司大数据的发展，也为公司的网络安全技术创新提供了保障。

　　人工智能已然成为全世界关注的热点问题，全世界的互联网技术公司都在人工智能领域发力，纷纷占据制高点。对于在互联网中摸爬滚打几十年的周鸿祎来说，人工智能肯定是他希望能够有所成就的领域。

智能硬件的未来

　　在人工智能方面，周鸿祎和360公司进行了一系列的探索，做出了一系列的看似微小的人工智能硬件产品。在做这些产品的过程中，不少员工并不特别理解，这些小产品能够带来多大的影响，又能够为360带来多大的收益？针对这些问题，周鸿祎也表达了自己的观点，他认为这些产品看似是小产品，但是并不是毫无价值的，相反，价值很大，是公司探索人工智能未来硬件发展的一个铺路石。通过这些小产品的推出，可以给公司人工智能硬件产品的未来探索带来启发，从这个层面上来看，周鸿祎觉得价值不可低估。在这个问题上，周鸿祎的战略眼光得到了很好的体现。

　　比如，360推出的智能摄像机。看似是一个小玩意儿，却有着人工智能技术的支持，尤其是360未来重点发展的图形识别技术和大数据技术。一个小小的智能摄像机，背后却有这些技术的支持，是这些技术才让智能摄像机的诸多功能得以实现。

这款智能摄像机，可以给使用者的生活带来很大的便利。在未来，周鸿祎认为随着人工智能技术的发展，这款智能摄像机还可以做得更好，还可以有更多的功能，成为人们生活中一个很好的帮手。不管是安全保护，还是灾害预警等，都大有可为，都有很大的市场需求空间。

"你还认为它只是一个小小的智能摄像机吗？"周鸿祎提出了自己的反问。

其实，这就是周鸿祎一直都想实现的智能家庭机器人。在未来，它会具备更多的深度学习的能力，能够自我学习、智能成长，这对于 360 未来的智能机器人方面的布局意义重大。

人工智能上的追求

周鸿祎认为，即便是现在已经做了一些工作，取得了小小的进步，但还是远远不够的，他对于 360 人工智能未来的发展是有着大梦想的。

周鸿祎认为简单的送盒饭抑或是卖电影票，都不是真正的人工智能，他的目标是那些人工智能巨头，是人工智能领域中的佼佼者，他要做一个追赶者，做一个搅局者，希望工程师们能够做更加纯粹的技术狂，能够具备极客精神，敢于进行人工智能的技术创新，能够在未来做出真正有价值、有意义的新产品，而不应该只关注在赚钱上，要将眼光放长远。也就是说，做一个新奇有趣的产品对他的诱惑力更大，如果整个产品刚好又能够解决人们的难题、便捷人们的生活，他觉得这就更有意义了。这也是他在人工智能上的追求。

第三节　解惑答疑，为什么不看好智能手表

最近有一个趋势很热，大家都知道，那就是"可穿戴设备"。谷歌推出了一个 Google Glass，现在苹果又要出手表，一下子弄得整个行业都很激动。但是，即使这是趋势，那这里面一定就有你的机会吗？

直言不讳的老周

前几年，在智能手表热潮出现之后，周鸿祎并没有像一般的人那样如此看好，反而提出了自己的疑问。他认为即便这是一个趋势，也是有条件的，不是任何一个智能手表都能够被市场接受、被消费者认可的。

对于智能手表"这是未来的一个趋势"这句话，他认为这是一句正确的废话。正确是必然的，从互联网出现开始，不管是 PC，还是 Pad，抑或是

手机，这些都是智能设备，亦都是一个与网络连接的平台。说这是废话，是鉴于互联网的广泛渗透性，互联网逐步变得无处不在，作为与互联网连接的智能设备，智能手表是趋势，这自然是不必说的。在他看来，自然就归于了废话的行列。

正确的废话，看似矛盾，却精准。能够做出这样的评价，周鸿祎直言不讳的性格彰显得淋漓尽致。说大实话，这是老周一贯的风格，虽然因此也得罪过不少人，但也因而得到了很多网民的追捧。

价格是一大拦路虎

周鸿祎认为很多人看待智能手表都有一个比较明显的误区，那就是忽视了价格。他进行了一个简单的对比，美国智能手表 99 美元，以美国的物价水平和消费水平，这是一个非常低的价格，但是到了中国就完全不是那么回事儿了，一换算，就是五六百人民币了，这个价格和美国消费者对于智能手表价格的感受是完全不同的。

在中国，普通用户是最基础的用户群体，如果智能产品不能够满足他们的需求，不能够符合他们的消费水平，就很难获得成功。由于对价格敏锐的感知，周鸿祎并不看好智能手表在中国的未来发展。

智能手表的导向

从苹果推出智能手表之后，中国很多公司都有模仿的打算，很多公司的创业者也找到了周鸿祎，希望听听他的意见。然而周鸿祎给出的意见非常直接，那就是不要做。

之所以给出这样的建议，并不是老周一时的冲动，也不是老周对请教者不重视，随意敷衍。其实，周鸿祎对中国人戴手表有着自己的独到见解，他认为手表对于中国人来说，早就丧失了最初的时间功能，更多的是一种装饰性的体现，是一种身份的彰显，抑或是潮流的追随。谈到潮流，必然和时尚密切相关，而这方面，正是中国企业的短板，中国企业在智能设备领域中关于时尚元素的创新，抑或是潮流引领的能力，是远远不够的。他做了比较形象的阐述：你不可能做出一款手表出来，就达到百达翡丽的高度，也不可能像苹果一样引领潮流。

即便是做智能手表，他认为也可能会走入一个误区，那就是功能多样化，做着做着，功能就和手机类似了，而相比于手机，智能手表并没有任何优势，除了装酷之外，他认为实际意义并不是很大。

对于请教者，周鸿祎都会直接讲出自己的观点：不要只看到智能手表的机遇，却忽视了背后隐藏的难以察觉的危机，否则，一旦进入，可能很难善始善终，甚至会赔上身家，得不偿失，不值得冒风险。

功能与附加值的悖论

针对智能手表问题，老周认为很多人都存在着一个误区，那就是认为功能越多，附加值就越大。其实，这是不靠谱的，两者并没有天然的这种关联性，相反，他认为不久的将来，智能硬件会逐步免费，这是一个大的趋势，无法阻止，到时候，智能硬件设备的商业模式就会发生天翻地覆的变化。如果在这个逐步变为现实的过程中砸下身家豪赌智能手表，无异于火中取栗。

在未来，智能硬件设备最终会以成本价销售给使用者，通过提供服务来获得回报，这是周鸿祎认为的发展方向。也就是说，这些智能硬件将只是作为一个互联网服务的载体，作为将消费者和服务提供者联系起来的纽带。

　　面对这样的发展趋势，周鸿祎觉得单纯地做智能手表在中国不会有未来，如果一意孤行，不听好言相劝，那只能是自食苦果。忠言逆耳，良药苦口，道理都懂，但一旦遇到巨大的潜在价值，可能就难以发挥作用。

第四节 另辟蹊径，用人工智能做儿童产品

在我们看来，不管市场是不是风口，是不是最热的概念，我们都会把儿童手表这件事坚定地做下去。儿童手表不是一个简单的生意，而是一个非常有价值、有意义的事情。

作为父亲的有感而发

现在的小孩子，都出生在互联网时代，很多时候，家长们都习惯在孩子苦恼的时候给他们一个手机，对于这样的做法，周鸿祎认为是不可取的，对孩子的成长没有帮助，反而会带来伤害。

周鸿祎也是两个孩子的父亲，却因为工作忙没有多少时间陪孩子，这让他在内心深处有着深深的内疚感，对于孩子，他觉得自己是亏欠的。父母忙于工作，难以长时间地陪孩子，这是中国大多数父母的常态生活，然而，这

也是一种无奈之举。

有了这样的亲身经历，有了自己发自内心的感触，看到孩子们受到手机的影响，他内心焦急，这也成为他做儿童手表的一个初衷。在做儿童手表的时候，他加入了更多的亲情元素，赋予了儿童手表更多的功能，以便为儿童的社交以及习惯的培养等提供帮助。

周鸿祎认为，儿童手表获得了亲情加持，就变得有了温度、有了情感，不再是冰冷的智能设备，相比于众多的智能设备，儿童手表是周鸿祎最为满意的产品。

从一开始的防走失，到后来成为亲情沟通和联系的纽带，这是周鸿祎对于儿童手表的设想。在他看来，360 做儿童手表，不是简单的生意赚钱那么简单，即便是 2016 年销售超过 180 万台，他仍然认为其没有赚多少钱，在生意之外，还是一种公益的尝试。

360 儿童手表的价值

如果单纯地想做一款赚钱的硬件产品，对周鸿祎来说其实是非常简单的事情。但是，在儿童手表这款智能产品上，周鸿祎却没有将赚钱放在第一位，他希望 360 儿童手表能够成为拉近亲情的纽带，成为儿童和父母沟通的新的方式，儿童可以和父母随时联系，感觉父母就在他们身边陪着。比如，父母在工作的间隙，可以抽空发一个笑脸，孩子就会觉得很开心、很快乐，父母也会觉得很开心，得到了身心的放松，获得了情感的抚慰。

这就是 360 儿童手表的核心价值，也是周鸿祎最为看重的。在 360 众多的智能设备中，儿童手表是他最为关注，也是用心最多的。情深意切，这是他作为父亲的一个心结，通过儿童手表，他希望能够解开这个心结，获得内心的一种安宁。相比于赚钱，这个让他更有成就感，他觉得他解决了千万儿童和父母的沟通问题，这是功德无量的事情，这才是他所追求的儿童手表的核心价值。

人工智能助力儿童手表

360 儿童手表年销量以百万台计，这已经算是一个不错的成绩了。对于未来儿童手表的发展，周鸿祎认为在 360 布局人工智能的过程中，会给儿童手表带来更多的助力，让儿童手表与人工智能深度融合。

对于人工智能，周鸿祎也一直有着坚定的看法，那就是人工智能不能独立起来，必须与产品结合才能够实现价值。因此，在 360 人工智能布局和发展的过程中，儿童手表必然会获得更多的技术支持，变得更加智能、更加优秀。

现在的孩子，好奇心很强，接触的信息也多，总会有许多问题，而且这些问题往往还非常奇怪，让家长难以回答。在周鸿祎的未来设想中，在儿童手表中加入人工智能技术，让儿童手表有更多的互动功能，让孩子新奇古怪的想法和人工智能进行沟通，借助人工智能回答孩子的问题。这样，孩子既获得了满足，我们也可以借助人工智能去更好地了解孩子、理解孩子，更好地融合亲情。

对任何产品，周鸿祎都不会完全满意，他也不相信一开始就能够做出一款完美的产品。用户需求是在变的，产品也必然需要不断地融入新技术，不断满足用户新的需求，找准用户的痛点，解决用户的难题，提升用户的使用体验。在儿童手表上，周鸿祎也在不断地探索，怎样将这个连通亲情的产品做得更加优秀，人工智能给了他更大的信心。

第十二章

互联网方法论的践行者

前一段时间，《21世纪经济报道》的侯继勇来采访，我们一起回忆了过去十年来的大事。谈到"三大"，我的观点是，中国互联网的"三大"对于中国互联网曾经做出过不可磨灭的贡献。

第一节　未来迷雾，中国互联网的走向和兴衰

在周鸿祎看来，腾讯、百度、阿里巴巴这"三大"为推动中国互联网的发展做出的贡献是有目共睹的。对于这一点，周鸿祎并不否认。他认为谈论中国互联网的走向和兴衰，"三大"是绕不过去的。

过去十年的互联网发展

在周鸿祎看来，在过去十年的中国互联网发展中，腾讯、百度、阿里巴巴功不可没，它们是中国人创立的互联网公司，却最终打败了国外的互联网巨头，它们玩转了中国互联网市场，将中国互联网的命脉牢牢地抓在自己手中。还有一点也是周鸿祎非常佩服的，那就是它们极大地提升了中国互联网公司价值的"天花板"。在之前，大家都严重低估了中国互联网公司的价值，认为10亿美元的市值就非常难做，但是它们成长起来了，到了现在，市值

几百亿美元的中国互联网公司越来越多。

过去的十年，是中国互联网烽火硝烟的十年，是与国外互联网巨头正面对抗、创新发展、不断成长的十年。在创新发展模式方面，中国的互联网公司做得非常好，让那些世界互联网巨头在其他国家的运作模式失效了，并且最终不得不黯然离场，带着对中国互联网市场未来巨大发展空间的遗憾离开了。

周鸿祎还特别提到了阿里巴巴，虽然他与马云也有过争斗，但是他对阿里巴巴在商业模式、支付方式上的创新大加赞赏，对于推动中国电子商务的成长和完善所贡献出的力量直言不讳。此外，他对于阿里巴巴逐步完善生态系统也是非常认可的，赞赏其开放式发展的理念。

中国互联网的未老先衰之感

周鸿祎对中国互联网现在存在的抄袭现象也感同身受，并且对这种现象有着深深的担忧。不管是大的互联网公司，还是小的互联网公司，不少人形成了一个通病——抄袭，在这种情况下创新就逐步失去了土壤。

在这个问题上，周鸿祎是站在小公司这一边的。在他看来，相比于小公司，尤其是创业公司，大公司有着天然的优势，它们有着小公司难以比拟的客户渠道，以此为依托，很多走的都是强行安装、推广的路子，小公司无法与其竞争，于是，被逼无奈，不得不走"捷径"，抄袭是小公司为了生存的无奈之举。

针对这个问题，周鸿祎对大公司提出了尖锐的抨击。他认为大公司将抄袭的锅甩给小公司的做法有些无耻，毕竟，大公司应该为引领行业创新做出应有的贡献，这是它们的责任所在。但是，现在的大公司往往更加重视垄断用户，由此而垄断流量，它们有着强大的平台做支撑，抄袭带来的对整个互联网创新的杀伤力是不可估量的。基于这样的观点，周鸿祎觉得如果中国互联网被几个大市值的公司垄断，这将从根本上动摇创新和活力。

《反垄断法》早就出台，但周鸿祎认为并没有给互联网垄断带来根本上的改变。原本应该是尚方宝剑，却变成了前朝的免死金牌，根本没有作用，这不得不说是一个遗憾。他感觉，中国互联网现在有一丝未老先衰。

互联网生态"一个都不能少"

按照周鸿祎的理念，中国互联网生态想要健康运行，大公司不可或缺，小公司更是不能少。只有大公司引领创新，小公司蓬勃涌现，整个的中国互联网生态才是健康的，未来中国互联网的发展才值得期待。

为此，周鸿祎还做了一个形象的比喻：这就像是一个森林，既需要参天大树，也需要小树和小草。依据自然的生态规律成长，凭自己的本事获得雨露滋润，而不能参天大树遮天蔽日，小树小草毫无生机，否则生态系统迟早会崩溃。

立足于整个互联网生态，周鸿祎认为新公司出现，小公司成长，颠覆行业格局，创新商业模式，这才是产业正常的新陈代谢，这样的产业才有未来。因此，他觉得互联网生态"一个都不能少"，这需要产业从业者的努力，需要各方面共同做一些事情，改善中国现在的互联网生态，中国互联网的未来才会更加兴盛，成为引领经济发展的先头兵。

第二节　创新引领，360 要做微创新

周鸿祎觉得，创新在互联网领域是生存和发展的根本，但是，创新更多的是以用户体验为标尺的，而不是以公司作为出发点。同时，他认为有时候看似很小的创新却能够给用户带来体验方面全新的感受，直击用户内心。鉴于此，他认为微创新才是最好的，最现实的。

颠覆性创新都是马后炮

周鸿祎认为，颠覆性创新更像是一个创新结束之后的总结，而不是一开始就在创新方面做了完全而战略性的布局，不是一开始就知道这个东西是创新，而且是能够颠覆行业的创新。如果这样的话，那这个公司，抑或是这个创业者就是未卜先知，就是神了。

在周鸿祎看来，很多被称为互联网领域的颠覆性创新都是从微创新开始的，都是从一点点的微小的创新发展起来的，是一个持续创新的过程。毕竟，颠覆性的创新不是突然就出现的，而是需要长时间的积累的。"十年寒窗无人问，一朝成名天下知"，颠覆性创新就有点这个感觉，是在默默地做正确的事情，然后积累起来获得了巨大的回报。即便是那些互联网中的颠覆性创新的领导者，他们在一开始也并没有意识到他们创新方面的努力是颠覆性的。

对创业者来说，颠覆性创新可能并不是他们考虑的问题。一个连生存都成问题的人，他们怎么能够去考虑情怀呢？这是一个道理。创业者他们考虑的首要的问题是能够活下来，颠覆性创新对他们来说不太现实，资源和成本都有着太大的差距，因此，微创新是一种最佳的选择。对他们来说，基于用户体验的微创新所需要的成本最低，是他们生存下来、徐图发展的最佳选择。

微创新就是从用户的体验出发

作为微创新的倡导者和践行者，周鸿祎认为微创新的本质是以用户体验为出发点。他结合自己的切身感受，认为现在的中国互联网已经进入了一个全新的时期，用户为王，消费驱动，这是一个全新的时代给微创新带来的全新机遇。

用户是核心，以前的用户并没有太多的选择，他们更多的是被动地接受市场上的产品。现在则完全颠覆了，用户处于选择的主动地位，他们的选择决定着公司的成败，决定着行业的发展。在这个新的时代，出现了产品和用户之间的一种内在的矛盾。比如，做产品的人想得更多的是如何做出一款他认为完美的产品去引导用户的选择，去吸引用户，然而用户并不是这么想的，他们选择产品的标准是产品能否让他们用得舒服，让他们有好的使用体验。

因此，在周鸿祎看来，谁能够意识到这个问题，并且率先转变思维去做产品，以用户体验为出发点，这样的产品必然能够成功。现在的很多公司往往不屑于微创新，老想着来一个颠覆性创新，一步登天，这是不太现实的，也是非常危险的。

一个创业者如果能够明白这个道理，在细微之处做出创新，能够在一个很小的点为用户带来其他公司难以提供的便利，那么，这样的产品就可能得到用户的认可。真正为用户解决问题，并且提升他们的使用体验，这样的话，微创新所带来的改变和回报就不是微小的，而是巨大的。

人人都是产品顾问

微创新是一个全新的理念，周鸿祎提出的微创新已经成为互联网行业内的一个很重要的创新理论。他觉得，要想实现微创新，公司必须要转变理念，人人都要做产品顾问。

公司需要转变价值观念，真正做到重视用户体验，将用户的利益放在第一位。他觉得现在的公司虽然都倡导用户利益第一，但是在与公司利益冲突的时候，很难还将用户视为首要的核心价值。如果处理不好这一矛盾，微创新就变得不太现实，难以实现。

创业者和小公司要想创新，就要摒弃大品牌大专利的理念，不要想着一夜暴富，而是要重视小事情，从点滴做起，一步步方便用户，这样的创新理念才是正确的，才是通向未来的成功之路。

第三节　安全先行，IOT 时代的网络安全

　　我相信黑客将来有能力通过互联网制造交通事故，威胁大家的人身安全。IOT 时代智能硬件深入生活，人们将遇到隐私安全、支付安全、人身安全三大网络安全问题，危险不容忽视。

个人隐私安全的全新挑战

　　周鸿祎对于个人隐私安全提出了自己的看法，他认为，在互联网的发展过程中，个人隐私安全也在不断发展变化，并且经历了几个完全不同的时期。

　　在一开始，对于个人隐私安全的挑战更多的在于工作方面，也就是我们电脑里的与工作相关的数据，这些数据一旦泄露，可能给工作带来很大的麻烦，造成很大的经济损失。

后来，随着互联网的不断发展和普及，尤其是随着智能手机的普及，个人隐私安全出现了根本性的变化，此时的个人隐私安全更多的是智能手机里的数据。比如，个人的照片、个人的社交信息等等，这些都是比较纯私人的东西，对于个人也非常重要，这方面的数据一旦泄露，可能给个人带来巨大的麻烦。

未来，随着移动智能设备的不断发展，尤其是涉及健康方面的移动智能设备的发展，必然会带来个人健康数据等隐私的安全挑战。这些信息更加私密，很多都是不想让别人了解的。

"道高一尺，魔高一丈"。在周鸿祎看来，随着网络的不断发展，互联网安全公司也在不断进步，但是网络安全的挑战者，尤其是黑客，他们的技术和能力也在不断发展。这给个人隐私安全提出了更大的挑战，也为互联网安全公司提出了更高的要求，当然，也带来了未来发展的机遇。

个人支付安全的巨大陷阱

在中国，随着第三方支付的不断发展以及智能手机的大众化，人们已经习惯了网上购物，电子支付。现在，中国网上支付的用户有五六亿，他们不管是使用支付宝或者是微信，抑或是银联的网上支付，都非常方便。然而，在带来方便的同时，个人支付安全的巨大陷阱也在越来越接近每一个普通人。

随着万物互联的发展，将来的移动智能设备会更加便捷，会为每一个普通人提供更加便利的个人网上支付。但随之而来的，必然也会有越来越高的个人支付方面的安全威胁。

人身安全的潜在威胁

IOT 时代构建一个更加完善而全面的智能生活环境，行业与移动智能设备都可以借助万物互联提供的连接而变得更加智能，这是一个基本的发展方向。当真的到来的时候，必然会带来更多的人身安全方面的潜在威胁。

针对这一问题，360 的技术团队对汽车进行了研究，他们发现了汽车软件的漏洞，懂技术的专业人员就可以加以利用，对汽车进行远程操控，不管是开锁，还是鸣笛，抑或是闪灯，都可以直接远程操控。

如果未来的车联网持续发展，在安全方面存在着潜在的隐患，尤其是智能驾驶汽车出现之后，可能成为黑客的攻击目标，甚至直接远程控制汽车，这都不是危言耸听的事情，而是可能在未来就变为现实。周鸿祎称："我相信黑客将来有能力通过互联网制造交通事故。"

以全球视野和开放心态合作应对网络安全

即便是作为互联网安全公司的领导者，周鸿祎对于 IOT 时代的网络安全仍然比较谨慎，并不是特别乐观。在他看来，IOT 时代的网络安全问题，更加复杂多变，给网络安全公司提出了更大的挑战。

立足于 360 战略发展，针对未来全新的网络安全挑战，周鸿祎认为仅凭一个或者几个网络安全公司是完全没有能力解决的。因此，他认为未来的网络安全必然需要网络安全公司以更加开放和合作的心态去应对。

不管是移动智能设备的网络安全保障，抑或是网络安全公司之间的合作，都是未来应对全新的网络安全挑战的方向。因此，开放和合作的心态是未来网络安全公司应对的必然选择。

第四节　转变思维，传统企业如何面对互联网挑战

周鸿祎说："对于传统大企业来说，它们面对互联网，就像面临着绝世武功——《葵花宝典》，心情一定很纠结。冯仑把这种纠结称为'左手打右手'，但我觉得没有这么温柔。实际是传统企业若想成功，互联网给它们提出了一个问题：你是不是敢于自宫？"

周鸿祎还认为，互联网已经给传统企业带来了颠覆性的冲击。比如，淘宝、京东等颠覆了传统零售业，微信则让通信运营商苦不堪言。传统企业面对互联网挑战，非常纠结，它们必须正面应对，这关乎生死。

传统企业面对互联网挑战的心态

越是大企业，面对互联网的挑战越纠结，毕竟，大企业本身身体更大，相比于小企业，它们"自宫"需要更大的勇气。然而，即便是大企业"自宫"，可能也不太容易成功应对互联网的挑战，一旦难以成功，那就真的成了《葵花宝典》最后一页中的预言：即使自宫，也未必成功。而小企业则不然，这给它们带来了一个巨大的机遇，它们不但不用像大企业那样纠结于"自宫"与否的问题，而且通过"自宫"更容易获得成功，干翻大企业不是梦。

传统企业面对互联网挑战，会有一个阶段性的心路历程，一开始必然是看不起。在这方面，大企业尤为明显，在它们眼中，那些互联网公司都是小打小闹，成不了什么气候，就让它们瞎折腾吧，我们自然稳坐中军帐，高枕无忧。然而，那些互联网公司折腾来折腾去，反而越折腾越大。

然后就是看不清。看到这些互联网企业折腾得风生水起，突然它们感受到了一点点的不安，于是，开始研究这些公司。可是越研究，越困惑，它们的困惑在于它们对互联网游戏规则的不理解，因此也就成了外行，看的是热闹，而不是门道。鉴于此，它们当然是看不懂了。至于为什么看不懂，这个问题，周鸿祎认为是价值观的问题。互联网公司好比是鲨鱼，而传统企业是沙漠里的骆驼，自然是难以真正看懂的。

经历了这不同的心路历程，有的传统企业开始进入互联网，随着不断熟悉互联网，它们发现，那些曾经它们不屑一顾的互联网公司早就跑得看不到影子了，它们追都没有方向，这是传统企业的困惑。

互联网的基本价值观

在很多传统企业看来，它们片面武断地认为搞互联网很简单，就是花钱买技术的游戏。这些传统企业一谈到互联网，必言云计算、大数据、社交网络、移动终端，看似高大上，其实是花拳绣腿、绣花枕头，对互联网的理解止于这个层次。这样看来，传统企业应该去理解互联网的价值观，这和传统企业的价值观是大不相同的，有着本质上的差别。

互联网时代，将传统时代赖以生存的信息鸿沟抹平了。在以前，传统企业生存和发展的信息不对称。现在，互联网提供了一个信息透明、及时且无限传播的平台，从根本上颠覆了企业与消费者的关系。

传统企业此前形成的以客户为导向的价值理念完全改变了，毕竟，传统企业的"客户是上帝"关注更多的不是用户体验，而是以客户为核心的宣传营销。互联网时代，这样的游戏规则变了，用户有了更多主动选择的权利，而且他们对于信息的掌握比较全面，再也不会受到传统时代企业营销宣传的左右，而是以自我的需求为出发点，主动地做出信息选择基础之上的消费决策。

现在，任何的产品都会面对诸多可替代品的竞争，对企业来说，能给用户的，以前是使用功能，后来是用户需求的满足，现在和未来，必定是用户体验。

传统业务模式可以借鉴免费精神

传统企业在互联网时代很难再追上互联网企业的脚步，除非出现前所未有的良机。现在，这样的机会摆在了传统企业面前，那就是 IOT——万物互联，为传统企业提供了一个绝佳的机会。

未来，万物互联必然带来一个全新的趋势，那就是硬件免费。传统企业可以在移动智能硬件方面发力，通过硬件免费的模式提升服务，以服务来赚钱。其实，这也是现在很多互联网企业的做法。

现在，传统企业遇到了一个可以和互联网企业拉近距离、迎头赶上的机会。因此，抓住 IOT 的机遇，传统企业在未来大有可为。

第五节　技术奠基，核心技术大有可为

推动中国互联网的发展，核心技术研发将大有可为。而像他这样的搞技术的"宅男"，因为国家的重视而会感到更有动力，做起事情来也会更加踏实。

国家布局带来的互联网技术创新

在网络安全和信息化工作座谈会上，国家领导提出了"应该鼓励和支持企业成为研发主体、创新主体、产业主体"的理念。周鸿祎作为网络安全公司的领导者，虽然面临着巨大的网络安全方面的压力，但是，他也由此看到了未来核心技术发展的方向，这给了他技术创新的希望。

国家层面的重视、技术创新的布局、鼓励创新的环境，这些都是公司发展的外部条件。现在，国家和政府开始重视，公司必然成为受益者。鉴于此，他才能够直面压力，心里踏实，其实内心深处对于未来的产业发展还是有着极大信心的。

自主创新是中国网络安全的未来

在周鸿祎看来，中国的互联网安全需要建立在以技术为支撑的基础之上。因此，基础技术的研发是必不可少的，只有基础技术研发进展顺利，才能够为核心技术的发展奠定基础。周鸿祎还做了一个形象的比喻，这就像是盖房子，地基打得牢，房子才安全，如果地基不牢固，房子建得再漂亮，也随时有崩塌的可能，甚至还没等房子建完就成了一堆废墟。

核心技术是核心竞争力，也是网络安全的保障。网络安全公司要重视网络安全核心技术，只有掌握了核心技术才有竞争力，才能够更好地解决网络安全的一系列问题。

此外，周鸿祎对于原创技术也非常推崇。在周鸿祎看来，原创技术是网络安全公司本身活力和创新的体现，通过原创技术的研发，可以解决网络安全的诸多难题，尤其是传统网络安全技术难以解决的难题。

要注重核心技术、原创技术和基础技术的研发。前段时间，Google 公司的人工智能 AlphaGo 总比分战胜人类围棋高手这件事，就说明国外的互联网公司对于核心技术的重视。

周鸿祎对于网络安全技术非常重视，这也是 360 的生存之本。在他的支持和鼓励下，360 在基础技术方面的投入一直非常巨大且稳定，并且还在不断地探索基础技术的创新发展。此外，360 也开始逐步在防止网络攻击、网络漏洞挖掘等方面进行原创技术的探索，已经取得了非常好的成果，在这方面，和欧美的网络安全公司相比，反而有一定的技术优势。

比如，360 自主研发了全球网络攻击的预警系统和防御系统。有了这套系统的帮助，公司就能够很好地应对网络攻击，保障网络安全，他认为这和国家现在倡导的技术创新是同宗同源的。

人才观转变，助力核心技术突破

对于传统的人才选择标准周鸿祎并不十分赞同，他认为标准必然会有框架，而框架必然会将一部分人才阻挡在外。为此，他还列举了乔布斯，如果以传统的人才标准来看，当时的乔布斯不是人才，而是"疯子"，但是就是这个"疯子"成就了伟大的苹果。

国家鼓励创新，而人才是创新的根本。公司要想发展，人才也是根本，因此，全新的环境，对公司传统的人才观提出了挑战。当然，对于人才周鸿祎也有着自己的观点，他认为，不应该在选择人才方面做过多的限制，否则可能错失核心人才。在这方面，360公司网络安全实验室的安全团队在人才选择方面的做法就值得很多公司学习，在这个安全团队中，有很多大家眼中妖魔化的黑客，但是，在360，他们被称为黑帽子黑客，他们的网络安全技术非常高，可以给360带来很多网络安全方面的技术帮助。

在周鸿祎看来，将有用的人才放到对的位置上，他们就能够做对的事情，实现自己的价值，为公司做出贡献。也正是因为有了这样的人才观，360请了很多国内外著名的黑客人才加入网络安全中心，让网络安全的威胁者来守护网络安全，相较于一般的网络安全人员，他们的视角不同，作用和价值也更大。

360还构建了一个补天平台，为黑客提供了一个走正道、做正事、挣干净钱的平台，周鸿祎的这种做法可以说做到了人尽其用。

第六节　战略落实，战略必须要从云端落地到产品

　　我不谈战略，我也不懂战略。如果非要说有战略的话，所有战略都是用户战略和产品战略，不断发现用户的需求，不断满足用户的需求，把它做到极致。

周鸿祎的战略观

　　周鸿祎认为，战略是一个云端的东西，而公司要想成功，并不是做好战略规划就行，关键还在于战略要落地，落到产品上，落到用户需求上，否则，战略就是个虚的东西，是缥缈的，对公司发展没有帮助。周鸿祎还反对做评论家，他觉得创业者需要的是踏实，首先不要去做评论家，评论家谈的都是宏观的东西，处于高端位置，因此，他们能够谈论的也只能是产业问题，是

格局问题，而不是具体的东西，创业者去谈论，那就是在浪费时间。

具体的东西才有价值，细微的东西才能够给公司带来帮助。在周鸿祎看来，一旦将问题抽象化，就难以真正达成价值的转换，难以真正给公司带来价值回报。他觉得，对于任何公司来说，不管规模大小，应对挑战、推动转型的关键还在于用户，如果将重点放在概念论证上，花费心思在平台思维构建上，专注于宏观上的一盘棋的思路，最终只能是飘在云端，不落地，就是虚无的。

相比于战略，周鸿祎认为公司应该更多地思考我的产品是不是能够让用户感兴趣，用户都是什么人，用户可能遇到的难题我怎么给他解决了。这些问题更现实、更有意义，解决了这些问题，自然也就拥有了用户，这是水到渠成的事情。如果能够在思考的过程中发现产品的不足并加以改进，这就是创新，这就是价值实现的过程。如果不明白这个道理，不能打动用户，让用户动心，只谈战略，那战略就毫无价值可言。

消费者的感性产品观

周鸿祎认为，消费者都是感性的，他们对产品的选择都不是特别理性地思考之后决定的，毕竟，很多产品无关紧要，消费者并不是特别看重。既然这样，他们必然不理性，有点随意选择的意味，但是，他们的随意选择是以自我的需求为基础的，是产品能够吸引他、打动他，他才选择。

在消费者的眼中，一个产品的技术好坏并不是他们最关注的，他们用得好，觉得用起来方便，他们就选择。在互联网时代，消费者的感性体现得更加淋漓尽致。比如苹果，它的核心专利都在外观设计，而不是内置的芯片，也不是 CDMA，但苹果还是成功了，就是因为外观好，消费者喜欢，觉得对他们有用。你让消费者去选择内置芯片，他也不懂。所以，未来的产品竞争不是功能的竞争，更不是技术的竞争，而是用户体验的竞争。

用户体验本身就是非常感性的东西。比如，一款智能手机主打辐射小，可能并不会成功，因为对消费者来说，辐射小是他们的需求，有利于健康，但是，消费者怎么知道辐射真的小，他们没有那个技术去检测，更没有那个时间浪费在这上面。也就是说，主打的卖点消费者不能直观地感受到，这就失去了对他们的吸引力。

找准消费者的需求就是用户体验

找准消费者的需求，要明白消费者真正需要的是什么。只有明白了这一点，才能更有针对性地在产品中加入这些功能，以满足消费者的需求，提升他们的消费体验，让他们觉得用这个产品很开心，这就是很大的成功。

比如，某公司曾经推出了一部防窃听电话。这是公司在聘请营销策划专家进行策划之后推出的所谓的创新性的产品，但最后这款产品很快就在市场上消失了。为什么呢？因为防窃听这个卖点并不是所有消费者的需求，一般的人，生活压力都较大，每天为生活奔波，并且也没有什么机密可讲，因此根本用不到防窃听功能。即便是有个别的消费者有这个需求，但是他们也不清楚到底能不能在通话的时候不被现在所有的窃听手段窃听到谈话内容。

大部分消费者没有这个需求，有这个需求的消费者也不能判断这个功能是否真的无懈可击，因此这个产品自然难以得到消费者的认可，自然也难以成功。

用户体验，这是恒久不变的真理，用户是感性的，体验好他就使用产品。因此，周鸿祎不谈战略并不是不要战略规划，360 也有战略规划，关键是要让战略落地，最终落到用户体验上，落到产品上，这才是关键。

第七节　信息价值，大数据时代的用户信息安全三原则

我认为随着大数据时代的到来，互联网也将走到一个奇点，而安全将决定互联网走过这个奇点之后，到底是向上走到一个新高度，还是向下走到一个坏局面。

用户信息安全需要原则规范

周鸿祎认为，现在中国的互联网用户在 10 亿左右，未来，随着移动智能设备的发展，数量将会更多，信息收集会更加便捷，用户信息将会更加透明。用户信息的安全就成为一个奇点，决定着未来发展的好坏。

周鸿祎还认为，用户信息安全已经变成互联网公司首要的挑战，尤其是互联网安全公司。在传统的互联网时期，用户信息安全的挑战就时刻存在，

当现在逐步进入到 IOT 的时代，其所产生的海量的信息，面临的更加复杂多变的整体网络环境，都给信息安全提出了全新的挑战。这就像是一个普通人，在以前，可能只是面对几个单个的问题，但是，现在需要面对各种问题错综复杂融合之后的海量的全新问题，突然，感觉脑子不够用了，可能要崩溃了。

作为一个网络安全公司的领导者，对于用户信息安全周鸿祎有着深刻的认知。在他看来，未来的用户信息安全需要互联网行业的共同努力，不单单是行业巨头，即便是行业中的创业公司也要加入进来，只有大家共同努力做这件事情，共同制定用户信息安全的原则，才能为用户提供更好的安全保障。周鸿祎觉得抛弃成见，共同构建原则，推行原则，才能让用户对信息安全更有信心，为此，他还提出了三个基本的原则，作为用户信息安全的保障。

用户个人资产原则

对于周鸿祎提出的用户信息就是用户个人资产，也有很多不认同的声音，遭到了一定的抵制。而周鸿祎看来，很多互联网大公司有着思维上的误区，它们认为用户的用户名是它们给的，因此，它们天然地认为用户就是属于它们的，因此，它们认为用户使用之后产生的信息也是它们的。

对于这个问题周鸿祎比较不认可，他觉得大公司一方面宣布用户和用户信息是它们的，但是另一方面又有着明确而具体的免责声明，对于用户行为所带来的任何纠纷和法律后果与它们没关系。周鸿祎认为这本身就是一个逻辑上的自相矛盾，什么好事儿都让它们占了，用户信息所创造的价值是它们的，但是用户信息可能带来的潜在的麻烦是用户的，这明显就是一种强盗理论，是它们吃肉喝汤，用户连汤也喝不到的做法。

周鸿祎支持用户信息是用户个人资产，他觉得用户对于信息的所有权是不用质疑的，也是不应该被侵犯的。这是互联网用户信息安全的首要原则，如果整个原则不确立，用户信息安全就难以保障。大公司抓取用户信息安全的价值，对用户信息的负面影响甩得一干二净，它们怎么可能重视用户信息安全，即便是用户信息出现了泄露，造成了损失，也和它们没关系，免责声明成了它们的免死金牌，而有了免死金牌，谁还管用户的信息安全。

平等交换原则

在周鸿祎的眼中，用户获得了厂商的服务，而厂商则获取了用户的信息，这才是一种平等交换。他认为这种平等交换要基于现实，公司不能够提供少量的服务，却获得用户大量的信息，尤其是和服务不相关的信息。

为此，他还举了一个简单的例子。比如，一个美食评论网站为用户提供了寻找美食的服务，那它要获得用户的位置信息是必需的，没有位置信息，怎么可能针对用户位置提供美食推荐服务？但是，如果一个阅读网站要用户位置信息这就不对了，这就是不平等的，阅读网站的用户并不会因为地理位置的不同而有所差别。

安全处理原则

在很多人的眼中，网络安全是安全公司的事情，更有甚者，认为网络安全就是杀毒，这些都是片面的观点。

周鸿祎认为用户信息安全是所有公司的事情，对用户来说，只有他认为自己的信息是安全的，才可能使用公司的服务，如果觉得信息不安全，他是不会选择这个公司的服务的。如果互联网公司意识不到这个问题，你说我的支付不安全，我说你的支付有漏洞，相互攻击，用户自然不放心，那整个互联网的发展就变得困难了。

第八节　抓牢用户，互联网需要"现场力"

　　周鸿祎说："我的观点，不论产品名称还是功能名称，最好的就是一目了然，让人一眼能看明白到底解决了什么问题，不用动脑子。"由此可见，周鸿祎认为产品应该让用户看一眼就知道是什么产品，基本的功能是什么。如果云里雾里，用户可能就失去了关注的兴趣。用户是以自己的需求去寻找产品的，如果产品云山雾罩，可能根本不会被用户看到，这样的产品能是好产品吗？所以，产品经理要接触用户，这就是"现场力"的价值。

产品要有用户思维

　　现在，做产品的人往往会有一个定式思维，那就是认为他懂的用户一定懂，他了解的用户也一定了解。其实，这个思维是害人的思维！

针对这个问题，周鸿祎还提到了他亲身经历的一件事情，那件事让他深有感触。他曾经参加过一次会议，旁边的一位女士正在使用笔记本，他扭头看到了笔记本里装的是 360 安全桌面，于是就问有没有什么需要他帮忙的。那位女士一看是周鸿祎，立马来了兴趣，并告诉了周鸿祎她的难题，那就是桌面文件太多。于是，周鸿祎就告诉了她 360 安全桌面的桌面整理功能，并顺手在电脑上一点，桌面就变得非常有秩序，这位女士表现出了一丝惊讶，原来她并不知道还有这个功能，她并不熟悉。

这个经历让周鸿祎对用户有了新的认识，他觉得产品经理面对这个问题时肯定会觉得不可思议，在他们的眼中，用户都是有好奇心的，肯定会去点那个按钮，看看到底是什么功能，这是他们从个人角度看待这个问题时的观点。但是实际上，用户可能根本就不会点击，因此也就不会了解这个功能，也就是说，产品经理喜欢的东西，用户不一定喜欢，不一定有需求，即便是有需求，也可能因为不了解而不去使用。

产品经理要学会"讲人话"

对于这个问题，周鸿祎也有着比较多的了解和感触，他和产品经理打交道太多了，而且他自己也是从产品经理过来的，因此，对产品经理的毛病还是比较了解的。

在他看来，很多产品经理不是特别直接，尤其是在产品名字方面。可别小看产品名字，产品名字是对产品的功能和价值的浓缩，功能是产品的核心，价值是产品能够带给用户需求上的满足。用户通过产品名字就能够了解产品，这才是一个合格的产品经理应该干的事情。

以前，360 有个产品经理让周鸿祎印象深刻。有一天，周鸿祎看到产品有一个功能，名字叫作"让照片飞起来"，这个名字让他一头雾水，不理解这个功能到底是什么。于是，他就问产品经理这是什么东西。产品经理神采飞扬，告诉他其实这就是一个将手机照片上传到电脑上的功能。看着这个产品经理期待夸奖的眼神，周鸿祎有点哭笑不得，他觉得如果产品需要让用户琢磨才知道到底是什么功能，而不是直接通过名字表达出来的话，就是给用户造成了麻烦。

通过这件事情，周鸿祎觉得产品经理应该要"讲人话"，言简意赅，让用户一眼就知道这个产品是干什么的。否则，再好的产品用户也不感兴趣，因为用户不会将时间和心思放到琢磨产品功能上，他们只会在众多的同类产品中做出快速的选择。这个事情的结果可想而知，这个产品经理并没有等到期待中的夸奖，反而受了批评。

让用户满意的小心思

任何产品都不是完美的，因此，总会遇到用户不满意的时候，使用户体验难以做到更好。这个时候，如果解决问题遇到了瓶颈，一些灵光一现的小心思可能就能够让用户更满意，进而获得更好的体验。

比如，在 CBD，很多人都会抱怨早晨上班的时候电梯太慢，等待的时间太长。其实电梯速度都是一样的，用户觉得慢是因为这个时候使用电梯的人太多，用户着急，可能马上就到上班时间了，甚至有可能迟到。如果不是上班时间，用户可能就不用等电梯了，即便是等，可能也不会觉得慢，因为他们不着急。

如何解决这个问题，让用户更满意？增加电梯数量的方法不现实，分流用户的方法也不现实。那怎么办？有人建议可以在电梯里放一面镜子，在电梯旁边多放一些镜子，这样在等电梯的过程中，女同事可以通过镜子看自己的妆化得好不好，男同事可以"偷看"自己心仪的女同事。一个小心思，问题就解决了，瞬间提升了用户体验，让用户满意了，这就是"现场力"思维带来的价值。

第十三章

360 未来的决策者

周鸿祎认为，私有化和退市是基于 360 未来新时期安全使命的考虑。未来，360 发展中安全仍然是核心，其他的业务都是以这个为基础的，安全就是 360 的命脉，是 360 安身立命之本。

第一节　未来探秘，周鸿祎怎样看 360 的未来

360 回归 A 股是不是一个特例？是不是独一无二？在我的理解中，这只是一个开始，因为中国已经进入了新时代。

A 股支持"四新"经济大背景下的未来展望

360 回归 A 股，让周鸿祎意气风发。作为开年的重磅公司，360 上市开启了一个全新的时期，A 股支持"四新"经济，鼓励更多"独角兽"企业在国内上市。不管是证监会在年初的明确表态，还是整个的金融发展的大趋势，抑或是互联网未来十年新一个黄金时期的到来，都给了 360 更多的未来发展的空间，也给了周鸿祎更多的对于未来的信心。

随着国家大战略的逐步实施，随着建设现代化经济体系的导向的确立，我国的金融市场开始更多地进行变革，未来新技术、新产业、新业态、新模

式都会得到更多的支持，而且力度也会不断加大。

在这个全新的时代，周鸿祎对于 360 的未来也是有战略规划的，他的战略规划最终都会落实到产品和服务上，这一点，他非常明白，也正在一步步真的做事情。360A 股上市，公司需要对所有股东负责，对于 360 的未来周鸿祎更有信心了，因为有了数以亿万计的股东的支持，也更有动力了。

"安全第一"战略的发展

在中国互联网安全领域，360 的规模最大，技术也是最好的。安全是 360 的核心，是 360 生存的根本。十年的时间，360 在安全技术领域不断发力，重视核心技术的创新，加大原创技术的积累，夯实基础技术，已经取得了不错的成果，为中国互联网安全带来了很好的保障，也引领了中国互联网安全的发展。

鉴于 360 在中国互联网安全领域的地位，周鸿祎也深深感受到了 360 所承担的网络安全的责任，以及对用户的信息安全的责任。因此，在他看来，在未来"安全第一"仍然是 360 既定的战略，这一战略不会有任何的改变，也不会有一丝丝的动摇。

放眼全球，对于全球重大网络安全事件的频频发生，周鸿祎也有着自己深刻的理解。对于这些事件所带来的政治、经济、社会等各方面的负面影响他感触颇深：在他看来中国互联网已经开始进入大安全时代，这是一个不可逆转的潮流，网络安全不仅仅是用户的事情，更是牵一发而动全身，对于经济和社会发展的影响越来越大。

在 2017 年，360 在这方面做了很多的工作，承担着"一带一路""十九大"等重大活动网络安全保障重任，并且交出了一份满意的答卷。360 的努力得到了国家和相关部门的认可，这也给了周鸿祎继续着力重大活动安全保障，提升整体安全技术和能力的强大动力。

推动人工智能创新发展

人工智能是未来发展的趋势，尤其是随着万物互联时代的到来，人工智能必然是未来互联网企业角逐的新战场，也是互联网企业发展的一个新方向。在周鸿祎看来，谁能够占据人工智能的高点，谁就占据了未来发展的先机。

360早就在大数据上有所动作，并且公司的技术和创新，也取得了很好的成果，在安全领域发挥出了支撑作用。同时，周鸿祎重视人工智能的发展，以智能硬件为载体，通过发展智能硬件，为360安全产品和服务提供载体，为用户提供更好的体验，做用户满意的产品。比如，智能摄像机、儿童手表等，360已经在智能硬件产品方面做了一定的尝试和探索，为未来更深度地介入人工智能积累经验。

依托流量推动内容产品创新

经过十年在安全领域的深耕，360在获得了海量用户的同时，也得到了海量的流量。在未来，360要更加重视对流量价值的深挖。因为在互联网时代，流量就是价值，获得了流量，就获得了发展的前提和基础，有了流量，互联网公司的发展就具有了无限的可能性。

周鸿祎觉得，应依托流量优势，进一步整合内容输出，强化产品的价值转化。在这样的理念的指导下，360提出了多款内容产品，得到了市场的认可，获得了初步的成功。有了初步的经验，未来的360必然会在内容创新方面做更多的文章。

第二节　热点聚焦，360 要进军娱乐圈吗

　　未来互联网更多的会是泛娱乐化，最终两个圈必然会跨界和融合，互相都需要指导和帮助。

屡屡受挫的在线视频业务尝试

　　周鸿祎对于未来互联网的泛娱乐化比较认可，因此，在近几年中，尤其是 360 私有化之后，周鸿祎开始在娱乐方面布局。他说的两个圈的跨界与融合，并不是简单的代言，也不是简单的录节目，而是有着更深层次的思考的。

　　其实，周鸿祎在娱乐方面的尝试早就开始了。经过多次的尝试，虽然遇到了很多的挫折，但是他看得很淡，他认为这是一个积累经验的过程。他一直在做一件事情，那就是主动向娱乐靠拢，在内容方面有所作为是他的想法。

　　比如，360 与上海文广旗下的上市公司东方明珠进行合作，周鸿祎希望

通过这一次的合作，能够打造联合品牌 BesTV360，并且能在未来探索更深层次的合作。做出这样的决策，是从 360 未来发展的角度考虑的，如果能够获得一个网络视频播放平台，这样就可以将 360 的海量流量经过这一平台作为流量出口。有了流量的保障，360 就能够在互联网影视娱乐这方面有更好的发展，逐步夯实业务基础，这是周鸿祎的长远设想。

2014 年，360 和光线传媒合伙成立先看网络公司，这也是周鸿祎探索网络视频业务的一次尝试。虽然不到一年便宣告失败，但是展现出了周鸿祎对于娱乐方面业务的看重。

360 的娱乐和内容布局

虽然在在线视频方面经过几次的尝试都没有成功，但是这并没有给周鸿祎带来信心上的影响，他对娱乐和内容一直比较看重，也希望在这方面能够取得一定的成功。

比如，配合 360 手机品牌形象的需求，周鸿祎凭借自己对于娱乐方面的了解，结合 360 手机娱乐、年轻化的品牌形象建立战略，邀请王凯作为 360 手机的代言人，并且邀请了 TFBoys 作为 360 手机助手发布的嘉宾。此外，还冠名《来吧冠军》，配合 N4 手机的宣传营销。他自己也参与到《天天向上》《郭的秀》《开讲啦》等多档综艺节目中去。

在多次尝试之后，花椒直播寄托了周鸿祎更多的希望，而他也在努力将其打造成一个 360 的流量出口。花椒直播还有一个优势引起了周鸿祎的高度重视，那就是本身能够产生内容，这对于周鸿祎的吸引力也是巨大的，他不但关注花椒直播的发展，而且在产品方向上提出过很多的建议。

一开始，花椒直播更加侧重于直播媒体业务，但是这一次尝试并没有获得成功，360 做产品的经验在这一次的探索中并没有取得预期的成果。随着2017 年直播平台的火爆发展，花椒直播也搭上了顺风车，于是，又开始在直播社交方面做努力。此后，看到秀场模式比较火爆，花椒直播迅速调整，也开始尝试以美女直播为主体的秀场模式，并且在 VR 火爆之后，也引入了 VR 直播。

360 进军娱乐圈的整体构想

在尝试一些简单的业务之后，360 在娱乐圈方面并没有获得太大的回报，也没有达到周鸿祎的预期。

于是，周鸿祎开始关注娱乐方面的媒体投资，这也成为他一个重要的业务方向。比如，生产娱乐原创内容的新媒体公司橘子娱乐，在公司的融资中，获得了 360 的支持。此外，360 也战略投资科技媒体钛媒体，并且涉足界面、VIVA 无线新媒体等。

通过众多小的方向上的娱乐投资，360 进一步加大了娱乐方面的整体布局，迈的步子更大，也更加大胆、更加开放。

在进军娱乐圈的过程中，周鸿祎还有一个大手笔，那就是邀请李湘出任 360 娱乐总裁，全面负责 360 娱乐资源，逐步完成资源整合，进一步提升 360 在娱乐内容打造方面的整体能力。通过这样的做法，周鸿祎希望将娱乐产品作为一个重要的平台，为 360 未来的业务发展提供更好的支撑。

第三节　特立独行，公关之路要怎样走下去

　　中国互联网行业，有两位公认的公关大师：一位是马云，另一位是周鸿祎。有了他们亲自上阵的公关，阿里巴巴和360都获益匪浅。在阿里巴巴上市之后，马云仍然继续着公关大师之路，而360发展不顺，则让周鸿祎开始走下神坛。

周鸿祎引发的公关质疑

　　曾经震惊整个互联网的3B大战，让人记忆犹新。在这个过程中，周鸿祎以微博为战场，展开了一系列的公关，炮口直指李彦宏和百度……

　　曾经，在创业初期，周鸿祎是网络上的意见领袖，网民都是他的粉丝，对他的支持绝对是无条件的。到了现在，当大家再看到这些言论时，却没有了一开始的那种深深的爱，开始有了质疑、有了反驳，甚至很多人开始质疑，

是不是 360 又有新产品要上市了，这是要开始炒作的节奏。

就在种种不同的声音中，那个与马云并驾齐驱，共享公关大师美誉的周鸿祎遭遇了滑铁卢，尤其是在他最为擅长的公关上。这一点还是让很多人不理解，直呼世界变了，公关大师也不是无所不能的。

公关大师江郎才尽了吗

周鸿祎的公关大师名号并不是浪得虚名，纵观他的创业之路，其实就是公关大师的成长之路。

3B 大战之前的周鸿祎，那就是互联网江湖中的公关代名词。他就像是武侠江湖中的乔峰，一呼百应，而且身怀绝世武功，那些他面前的对手，瑞星、金山、雅虎、小米、华为、搜狗、猎豹都不是其对手，很快都败下阵来，领教了他的厉害。即便是同为公关大师的马云，在和周鸿祎的交手中都没有占得便宜。在公关江湖中，周鸿祎的战力由此可见一斑。

然而，到了 3B 大战之后，周鸿祎就好像是自废了武功，战力直接下降一个档次，这就好像是李逵变成了李鬼，根本不符合他的支持者对他战力的预期。到底是怎么了，很多人禁不住问，难道是公关大师江郎才尽了？

当然，这和互联网环境的不同有直接的关系。毕竟，在以前，互联网发展的早期，网民本身就不是特别成熟，他们更加容易受到别人的影响，从而做出一定的跟随行为，这个时候，周鸿祎的公关还是招招有效的。到了现在，互联网生态在成长，网民也在成长，他们不再是以前的无头苍蝇，有自己的思考，更不容易被外人左右自己的思想了。

具备了独立思考的能力，网民就不再是别人指哪打哪的炮灰，更不是别人的马仔，可以为别人冲锋陷阵。

其实，周鸿祎这次的公关表现并没有达到别人的预期，和他的公关大师的名头明显不符，还有一个更深层次的原因，那就是另一个公关大师给他带来了压力。

同为公关大师，马云的阿里巴巴发展得风生水起，而他的 360 则面临着很大的发展困境，可能也是急了，急于通过自己的公关为 360 赢得一些机会，能够给 360 带来一些帮助。

周鸿祎如何破解困局

其实，如果单从公关的角度来说，周鸿祎这次的公关表现并不会对他有太大的影响，毕竟，他在这个领域中不是第一次面对挑战了。和别人的争斗，他在公关上都占了上风，然而在官司上却处于下风。官司十二连败，赔款将近 700 万，因此，他并不会在乎多一次的失败。然而，360 业务发展得不顺却是他面临的公关失利背后更大的困境。他的竞争对手，李彦宏、马化腾、雷军，他们的公司百度、腾讯、小米都发展得风生水起，而他则麻烦不断、业务不顺，挑战前所未有的大。

面对困局，周鸿祎希望自己能够力挽狂澜，于是他加速布局，联手光线传媒，介入大神手机；面对强敌环伺，他只能借助"从软件到硬件，从内容到服务"的全方位的发展，逐步形成"软硬一体、端到端"的一站式整体解决方案。这是他为 360 设计的破解困局的思路。

他的这一套移动入口和闭环生态系统的构建，挑战极大，如果一个环节不能达到预期，很可能会功败垂成。毕竟，江湖岂是悠闲惬意温柔乡，倒是血雨腥风英雄冢。

第四节　全新探索，360 私有化进程

"很多国内互联网公司的高股价让人眼热，很多中概股私有化浪潮的一个重要因素是套利。当中国最好的一些科技公司在海外市场被严重低估时，资本有意愿把这些好的资产带回到 A 股市场，这是很自然的经济现象。"

对于 360 私有化的决定，周鸿祎做出了这样的回应。在他眼中，回归的决定并不是简单的，即便是和老搭档齐向东、CFO 姚珏也有很多的争执。最终，还是做出了这样的决策，拍板的一瞬间，他如释重负，却又感到挑战巨大。

历经艰难美国上市

在周鸿祎看来，当时的中国互联网公司在美国上市是一个趋势、一个潮

流。360 刚好赶上了这样的机会，并且通过努力，最终在美国成功上市。对于这一点，周鸿祎坦言，当初真的没想过有一天能够回来。

在上市的准备阶段，正逢当时的 3B 大战，主承销商也出现了变动，加上当时美国根本没有类似的公司，因此对于它们的商业模式很多人并不是十分理解，这些都给当时的上市带来了巨大的挑战。

在这 5 年的时间里，360 的业绩增长还是让人满意的，即便面临做空机构的恶意做空，他当时也没有想过回来。然而，最终还是做出了这样的决策，开始了私有化的进程。

回归的真实想法

对于回归这个问题，周鸿祎谈到了自己的想法，开诚布公。他认为随着中国互联网的快速发展，依托海量的用户优势，中国互联网公司的价值是被严重低估的，在他眼中，360 的价值也是被严重低估。既然中国金融市场稳步成长，互联网公司价值逐步提升，中国公司退市是可以理解的选择。当时，不仅仅是 360，中国互联网公司迎来了一波退市大潮。

针对有的人认为周鸿祎回来就是为了套利，他认为这是完全不对的。做出私有化的决策，并不是因为短期利益，而是基于 360 的战略发展，综合考虑、权衡利弊，最终做出了对于 360 发展最为有利的决策。如果不是因为这样，他不会去面对诸多的挑战，毕竟，需要一个个说服投资人，需要融资借款，需要经过诸多的政府机构批准，更需要解决外汇管理方面的问题。仅仅是为了短期利益的话，这么做不成了一个傻子吗？毕竟，这个过程非常麻烦，和上市相比较，并没有轻松多少。

对于回归的方式，周鸿祎透露，当时有很多的选择。比如，他曾经打算将安全业务拆分，只将这部分业务进行回归，但是后来发现并不具备操作性，因为 360 公司的所有业务和安全都密不可分。于是，最终才决定完全回归。

挑战与机遇并存

周鸿祎看到了互联网发展的趋势，尤其是一些互联网安全事件带来的社会各方面的冲击和影响，让他感受到了互联网安全前所未有的挑战。在中国，随着互联网的不断发展，互联网安全也变得尤为关键，周鸿祎甚至认为，互联网安全并不仅仅是互联网安全公司的事情，而是所有互联网公司的事情。

面对挑战，他并不畏惧，在挑战之外，他更是看到了无限的机遇。随着中国互联网的发展，网民越来越多，在万物互联逐步发展并且进行全行业渗透的趋势逐步形成的时候，他认为未来的中国互联网发展前景无限、空间巨大，随之而来的就是更为严峻的互联网安全挑战。面对互联网安全的全新形式，360 作为中国最有实力的互联网安全公司，未来大有可为。

私有化后的未来发展

周鸿祎认为，私有化和退市是基于 360 未来新时期安全使命的考虑。未来，360 发展中安全仍然是核心，其他的业务都是以这个为基础的，安全就是 360 的命脉，是 360 安身立命之本。

既然做出了决策，并且认为这样的决策方向是正确的，对周鸿祎来说，那就是开弓没有回头箭。于是，在决定之后，就开始了复杂而漫长的私有化进程，开始了说服投资人、借款融资和文件审批等一系列的工作。在他的眼中，虽然私有化的进程一波三折，其中更是有让人惊心动魄的事情，然而，即便是面临难以预料的困难，他还是通过努力完成了这件关乎 360 未来发展的大事。

随着 360A 股上市，企业估值达到 4000 亿元，周鸿祎之前所做的私有化的决策以及付出的所有努力都得到了回报，也印证了他的战略眼光的独到之处。

第十四章

让人又爱又恨的周鸿祎

在相对公平的技术平台里，年轻人不讲自己的家庭背景，无须争论自己的出身是好是坏，人们凭借谁的点子更好来争得用户，在意谁的产品更能赢得人心。

第一节　颠覆理念，行业的颠覆者

他本身就是一个颠覆者，他有着执着而固执的颠覆理念，他生于中国互联网成长时期，互联网给了他实现颠覆抱负的机会，他也抓住了这个机会。一路走来，就是颠覆的过程。

天底下没有捅不破的天花板

周鸿祎认为，"阶层固化"这个大家普遍关注的热点，其实是站不住脚的。在他看来，用出身去决定人的未来发展，用阶层去决定人的未来成就，这本身就是一个很不靠谱的事情。对于这个问题却有很多人乐此不疲，甚至设计出什么预测模式，用统计模型去预测一个人的未来，这事听起来就很扯。

在周鸿祎看来，"阶层固化"的天花板并没有想象中的那般坚固，而是非常脆弱的，就好像是玻璃的，关键看你有没有找到机会去打破它。他鼓励年轻人一定不要被其束缚，而是要勇于面对，如果阶层真的要固化的话，那就做一个打破它的颠覆者。

针对这个问题，周鸿祎提到了"颠覆式创新"，这是商场中的一个创新模式，成功很难，但是一旦成功，爆发力将是巨大的，对行业的影响也是前所未有的。对于小公司而言，这是一个捷径，一旦走通，即可完成华丽逆袭，从此走向人生巅峰。比如，微信的出现，颠覆了运营商的短信，让短信走下了神坛，再也不是人人需要的了。再比如乔布斯，在苹果风雨飘摇的时候他回来了，面对老牌手机巨头的强力挑战，他用苹果手机定义了智能手机标准，将老牌手机巨头斩落马下，完成了颠覆。

作为一个颠覆者，周鸿祎对于年轻人，尤其是那些具有颠覆精神的年轻人非常认可，在他的意识中，这样的人才能够在颠覆自我的基础之上，对"阶层固化"展开冲击，进而将其颠覆。在他的眼中，年轻的创业者充满朝气，充满希望，他们有梦想，有干劲。一眼望去，他像是看到了自己 20 年前的影子，这让他对于那些创业者十分看重，也对他们的未来充满期待。

周鸿祎希望年轻的创业者能够以开放的心态拥抱互联网，以颠覆的理念完成自我修行，跳脱出身的枷锁，不按常理出牌，做一个颠覆者，那就离成功不远了。

彪悍的颠覆人生

周鸿祎出生在普通人家，父母是事业单位普通的员工，他并没有过于显赫的家庭背景，和大多数普通家庭的孩子是一样的起点。在他看来，他的幸运是和中国互联网同步成长，他热爱编程，并且有着小小的梦想，就是要做更好的软件、更好的产品。

在周鸿祎看来，和他一同创业的很多大佬，都和他有着类似的背景，都是普通人家的孩子，是互联网成就了他们，给了他们一个颠覆的机会，而他们自己也很争气，抓住了这样的机会，仅此而已。

相比于 20 年前，周鸿祎认为现在的互联网更具生机和活力，尤其是万物互联，给了现在的年轻人比 20 年前更好的机会、更多的机会。现在的年轻人，只要有梦想，敢于颠覆自我，必然能够借助万物互联带来的全新平台，实现全新的颠覆。这里有一个前提，那就是首先必须颠覆自我，完全地颠覆自我，才可能超越自我，在这个基础之上，才可能白手起家，颠覆"阶层固化"，打破这个天花板。

从一开始，周鸿祎就不是一个循规蹈矩的人，不管是 3721，还是后来的 360，他都秉承着颠覆理念，用技术创新去颠覆行业传统，用技术作为斗争的武器，亮出撒手锏，让曾经的行业格局出现了天翻地覆的变化，而他也一跃成为中国互联网安全领域的巨头，成为世界互联网安全领域用户最多的公司。

一路走来，周鸿祎就是一个颠覆者。他不畏惧传统，尊重传统，却也彪悍地向传统发起挑战，并完成了华丽的颠覆，他自己也从一个普通人家的孩子，变成了一个创业者的成功典范。从这一点来说，他在自我颠覆中完成了自我历练，他的颠覆理念使其完成了创业逆袭，他的成功也使其成为年轻人尤其是普通年轻人的榜样，给了他们巨大的力量，让他们看到了颠覆自己人生的希望。

第二节　网红达人，一觉醒来改变的世界

　　我在不合适的场合睡了一觉，当我睡醒了之后，我发现这个世界都变了，我发现除了我成了网红之外，互联网游戏规则真的都变了。

雷军包罗万象的一眼

　　2016 年底的世界互联网大会，是一场影响未来互联网发展的聚会，互联网大佬云集一堂。大会中风头最盛的自然是周鸿祎，他因为靠着椅背，睡了一觉，立马就火了。

　　在这次的互联网大会上，周鸿祎可能是真的累了，也可能是前一天的行程太满，思考的问题太多……于是乎，在大会上就出现了这样的一幕：周鸿祎背靠座椅，神态放松，闭着眼睛，竟然睡着了。

如果单单只是因为周鸿祎睡觉，这个话题应该不至于短时间内就引爆了整个互联网，关键是身边的雷军侧过身子，用那种包罗万象的眼神望着他，那眼神中包含了太多的情感，有怒、有乐、有无厘头、有无所适从……曾经的好友、后来的对手，20年的恩怨纠葛，这一眼望去，雷军的脑子里满满的都是20年的画面闪过啊……

于是，因雷军一个眼神的神助攻，让周鸿祎抢尽了风头，他成为互联网大会的头号网红。一夜之间，大家关注的不再是这些大佬对于互联网未来的构想，而是这一觉。

周鸿祎的幽默回应

很快，周鸿祎就发现了风向不对，自己作为互联网大佬，怎么突然变成了网红，而且还是在世界互联网大会上？

于是，第二天，在"万物互联驱动产业变革"论坛上，周鸿祎上台发表了"万物互联，如何把好安全门"的主题演讲。一开始，他就回应了这件事，表示"一觉醒来，世界都变了，互联网的游戏规则也变了"，引得在座的几百人哄堂大笑。

周鸿祎用幽默的方式，通过调侃自己，来回应这件事情。

改变的互联网游戏规则

在调侃了自己之后，周鸿祎转入了对万物互联之后所带来的全新的产业变革机遇的谈论，他谈了自己对万物互联的想法。

借助于自己睡觉这件事情，周鸿祎认为，在以前，在没有智能手机和无线互联网的时候，这件事情是不可能发生的。而现在发生了，就在于无线互联网出现了，网络的连接不再是以前简单的信息高速公路模式。周鸿祎认为，随着万物互联的出现，必然会与产业深度融合，形成一个万物互联的全新的网络世界。

在未来，当万物互联大行其道的时候，互联网的游戏规则会发生新的、根本性的改变。这对于创业企业，抑或是中小企业，尤其是制造业，会是一个巨大的历史机遇。未来的世界，你所能看到的所有设备可能都会变成智能设备，都会变成移动互联网的一部分，这就是万物互联的本质，带来的是产业发展的根本性的变革，带来的是互联网的游戏规则颠覆式的发展。

这世界在改变，源于互联网的改变；互联网的改变，带来的是人们的理念的改变；理念的改变，引领着生活的改变。这一切变局的核心在于万物互联，在于互联网创新发展看似到了一个瓶颈的时候，万物互联必然是一个打开新的创新大门的钥匙。周鸿祎睡了一觉，他对于这把钥匙的看法更加理性了，一觉醒来，他期待的是未来万物互联世界的样子。

第三节　自我改变，这两年我不公开骂人了

"中国有两句话，一个叫三人成虎，一个叫众口铄金，但是反过来说我觉得有争议也未必是坏事，我觉得所有的企业家都变成了高大全的完美人物，都变成了道德圣人或者精神导师也未必是好事。"

针对别人对他的看法，以及固有的印象，在《遇见大咖》节目中周鸿祎做出了这样的回应。他是一个真实的人，不是一个完美的人，是个有缺点的人，这就是他。人无完人，即便是企业家，也是一样的。

不是为了骂人而骂人

在有些人的眼中，周鸿祎是一个经常骂人的人，而且是一个经常掀起骂战人，很多大佬都被他骂过，他的口水在互联网里满天飞，即便是那些做

公司做得比他大的人，在他面前也难以招架。他的战斗力爆表，他的斗志永远都是满满的，好像有用不完的精力。

他在与这些互联网大佬的争斗中，总是愈战愈勇，好像时刻都在和别人争论。针对这个问题，周鸿祎只是一笑而过，在他看来，他所有的骂人都不是无缘无故的。"没有无缘无故的爱，更没有无缘无故的恨"，他并不是为了骂人而骂人，如果是那样，他就真的成了一个神经病了。

周鸿祎认为，所有的别人眼中的骂战以及那些骂人的经历，都不是别人看到的那么表面、那么简单。在他的内心深处，这是他表达自我观点的一种方式，更是他维护自我的一种选择，可能这样的方式不被很多人接受，但是他并没有因此而太过于在意，每一个人都不是为了别人而活，他更是要活出自己。

很多时候，别人看到的也并不是事情的全部，他们的观点和看法也并不是完全理性的，毕竟，人都是感性的。在与很多大佬的争斗中，周鸿祎认为骂人是一种无奈的选择，鉴于公司和其他巨头之间的巨大差距，他是一个弱势群体，他必须为了公司的生存和发展据理力争，因此，骂人是一个曲线救国的方式。对于这一点，他是基本上赞同的。

不成为别人眼中更好的自己

作为经历了互联网大风大浪的"老人"，周鸿祎承认自己的脾气不是特别温和，因为从小就不是一个乖孩子，小学的时候，他就非常调皮。因此，他从小就想要成为自己眼中更好的自己，而不是成为别人眼中更好的自己，对于这一点，他从来没有犹豫过，也没有改变过。

在周鸿祎看来，现在的很多人其实过得并不轻松，因为他们不是为了自己而活，而是为了别人眼中的自己而活，这样的生活怎么会轻松呢？估计是没有片刻轻松的，时刻都觉得很累，都觉得还没有达到别人眼中更好的自己。

周鸿祎觉得一个人要有自己的价值观，要对自己有全面的了解，坚持道德底线，做自己认为正确的事情，并且努力去做，这就够了。他自我评价情商不高，甚至情商为负，他对自己的暴脾气也并不否认。对于曾经年少气盛的冲劲，他也觉得并不是一件太过不可原谅的事情。

争议中的自我修炼

中华文化是一个比较隐性内敛的文化，因此，在传统认知中，一个人如果与很多人发生争议和争论，就会被周围的人认为是他有问题。对于别人对自己的误解，抑或是不太正确的看法，周鸿祎觉得这也是可以理解的，但他并不想因为别人的看法而改变自己，这才是真正的周鸿祎。

马化腾、李彦宏、马云、雷军，这些响当当的人物曾经都是周鸿祎的对手，曾经的口水战他们也打得不亦乐乎。由于周鸿祎总是喜欢穿红色的衣服，而且他的名字"鸿祎"谐音"红衣"，再加上他经常朝人开炮，于是他就成了大家眼中的"红衣大炮"，火力凶猛。但是，他自认为现在的他已经不怎么骂人了。

周鸿祎的变化，不仅源于自我的修炼和反思，更源于360发展得越来越好。曾经，他在互联网巨头的夹缝下生存，骂人是为了生存。现在，360变好了，他也就变得不那么好斗了。

编 委 会

北京林楠投资有限公司投融部经理　涂祖胜

牛氏九易公司文艺部长　耿丞焻琳

北京易宏置地房地产经纪有限公司　向　来

北京华融盛贸国际科技有限公司创始股东 CEO　郝　月

姆米又国际控股集团联合创始人、北京盛仁蓬勃公共关系有限公司总经理、企业绩效管理高级培训师、多家美妆企业联席顾问、国际美博会特邀嘉宾、彩妆代言人　桓慧芳

中国古诗词文化传承者、创新者，中国书画艺术爱好者、资深经纪人，古根博格家族核心成员，北京古根王酒业有限公司股东　明易桉橄

人类少食健康工程"发起人""123 生命工程"俱乐部创始人，北京大管家健康科技发展有限公司创办人　盛紫玫

金融理财师、家庭教育指导师、国家二级心理咨询师、皮纹分析咨询师、北京鼎硕炜业投资管理有限公司高级投资理财顾问、北京天下安道教育科技有限公司副总经理　钟永恒

北京福玺缘珠宝文化发展有限公司　伍兴隆

北京喜帮科技总经理　刘泊霆

幸福女人健康咨询管理有限公司　王海樾

北京杨格智控科技有限公司　关清礼

灵触疗愈师　张智莉

北京世纪飞扬教育咨询中心有限公司　胡海艳

北京助众传媒文化发展有限公司　柯建梅，字钰均

北京星星世家商贸有限公司　陈红炜

北京世纪海棠科贸有限公司　刘　莎

博文社群裂变合伙人　王淑秀

中视广经　潘　辉

第一夫人世交平台创始人　白　杨

心灵成长导师　李　刚

茉莉咖啡总经理　尹利萍

金桥国际合伙人、资本顾问、博文社群裂变合伙人　金　婷